MEDITATION KOMPAKT

PETERSBERG

PETERSBERG

ist ein Imprint der

HEEL Verlag GmbH
Gut Pottscheidt
53639 Königswinter
Tel.: 02223 9230-0
Fax: 02223 9230-13
E-Mail: info@heel-verlag.de
www.heel-verlag.de

Deutsche Ausgabe:
© 2023 HEEL Verlag GmbH
Petersberg ist ein Imprint der HEEL Verlag GmbH

Published by arrangement with Summerdale Publishers Ltd
© Summerdale Publishers Ltd., 2019
An Hachette UK Company
www.hachette.co.uk

Summersdale Publishers Ltd
Part of Octopus Publishing Group Limited
www.summersdale.com

Text © Gilly Pickup
Originaltitel: „The Little Book of Meditation"

Umschlaggestaltung: HEEL Verlag GmbH, Stefan Witterhold
Umschlagmotiv: © Adobe Stock, beehouse studio
Übersetzung: Hannah Gottfried
Satz: Ralph Handmann

Printed in Czech Republic

MEDITATION KOMPAKT

PETERSBERG

INHALT

MEDITATION ERKLÄRT
EINE KURZE EINFÜHRUNG

WAS IST MEDITATION?

Einfach ausgedrückt ist Meditation ein Verfahren, die Aufmerksamkeit auf einen Bewusstseinszustand zu führen, der dem Geist Gelassenheit und Klarheit verschafft.

Meditation ermöglicht es dem Ausübenden - also Ihnen -, einen anderen Bewusstseinszustand zu erreichen als den normalen Wachzustand. Das bedeutet, dass Sie, sobald Sie die Kunst der Meditation beherrschen, alles was Sie ohnehin tun, noch effektiver ausführen zu können.

Vielleicht kennen Sie jemanden, der sagt: „Ich habe versucht zu meditieren, aber es nützt nichts - ich scheine den Dreh einfach nicht rauszukriegen." Wenn Sie ihn fragen, warum das so ist, sagt er vielleicht: „Mein Geist hört nicht auf zu summen. Ich habe so viele Dinge, über die ich nachdenken muss. Ich kann meinen Kopf nicht freimachen und mich von zufälligen Gedanken befreien, also wird die Meditation für mich nicht funktionieren." Natürlich stimmt es, dass Meditationsanfänger, die feststellen, dass sie ihren Gedankenfluss nicht kontrollieren oder reduzieren können, manchmal desillusioniert sind und denken, dass Meditation für sie nicht funktioniert. Aber es ist völlig in Ordnung, immer noch Gedanken zu haben, denn durch Übung lernt man, sie zu beobachten, ohne sie zu bewerten. Meditation ist eine Fähigkeit, die man entwickeln kann, genau wie Geige spielen, Kuchen backen, Französisch sprechen lernen oder irgendetwas anderes.

Meditation bedeutet nicht, dass Sie die Gedanken in Ihrem Geist „ausschalten" müssen; es geht darum, eine gesündere Beziehung zu Ihrem Geist aufzubauen. Schließlich gibt es für Ihren Geist keinen „Aus"-Schalter - er wird nie aufhören, Gedanken zu produzieren.

Bei der Meditation geht es um Ausgeglichenheit, Wachsamkeit und Achtsamkeit; es geht nicht darum, etwas auf eine bestimmte Weise zu erzwingen. Der unruhige, unbewusste, sich wiederholende Geist ist einfach eine Gewohnheit, und wir alle wissen, dass Gewohnheiten geändert oder gebrochen werden können. Früher oder später wird Ihre Fähigkeit zu meditieren für Sie ganz natürlich werden, und es wird der angenehmste und schönste Teil Ihres Tages sein.

Wir alle kennen das endlose Geplapper in unserem Kopf: das ständige „Was wäre, wenn", „Warum", „Werde ich?", „Sollte ich?", „Darf ich nicht vergessen" - es ist eine endlose Liste. Das Problem ist, dass dieses ständige „leise Rauschen" in unserem Kopf uns daran hindert, Frieden und geistige Ruhe zu finden. Meditation ist ein hervorragendes Mittel, um den unaufhörlichen Lärm zu beruhigen und geistige Klarheit in unser Leben zu bringen, damit wir zur Ruhe kommen, die für unsere körperliche und geistige Gesundheit so wichtig ist.

Jeder kann Meditation praktizieren. Sie können sie zu Hause durchführen, sie ist einfach, kostengünstig und erfordert keine spezielle Ausrüstung - und die Ergebnisse der Meditation sind wissenschaftlich und medizinisch belegt. Suchen Sie sich einen ruhigen Ort, an dem Sie nicht gestört werden, und los geht's!

Das Ziel der Meditation ist es, inneren Frieden zu erlangen; während der Meditation kommt auch Ihr Körper zur Ruhe und entspannt sich. Wenn Sie einen friedlichen Geist hegen und pflegen, fühlen Sie sich innerlich gut und positiv gestimmt. Meditation führt zu geistigem, emotionalem und spirituellem Gleichgewicht, was der Schlüssel zur Erleuchtung ist.

Meditation ist im Wesentlichen eine Entspannungszeit, daher sollte sie zu einem Zeitpunkt praktiziert werden, an dem man weiß, dass man nicht gestört wird. Die Stunden des Sonnenaufgangs und des Sonnenuntergangs, wenn die Natur in den Tag und die Nacht übergeht, sind ideale Zeiten für die Meditation.

WEGE ZUR MEDITATION

Es gibt nicht die eine Art zu meditieren - es gibt viele. Zu den beliebtesten gehört die Aufmerksamkeitsmeditation oder Achtsamkeitsmeditation, bei der man sich auf etwas Bestimmtes konzentriert, z. B. auf den Atem oder ein bestimmtes Körpergefühl. Bei dieser Art der Meditation geht es darum, sich auf eine Sache zu konzentrieren, und wenn Ihre Aufmerksamkeit abschweift, bringen Sie sie immer wieder zu diesem Schwerpunkt zurück.

NEHMEN SIE SICH ZEIT

Viele Menschen finden Meditation anfangs schwierig, aber wie bei allem, was wir zu lernen beginnen, braucht es Zeit. Manchmal hat das mit dem Gefühl der Erwartung zu tun. Wenn wir versuchen zu meditieren und das Gefühl haben, dass nichts passiert, verlieren wir leicht die Motivation. Wir vergessen, dass es nicht darum geht, etwas geschehen zu lassen, sondern einfach nur darum, bei der Übung anwesend zu sein. Manche Menschen verfangen sich darin, zu viel über die Erfahrung nachzudenken oder sie zu sehr zu analysieren. Sie haben vielleicht eine Vorstellung davon, wie Meditation sein sollte, wie sie sich anfühlen sollte, und wenn ihre Erfahrung nicht dem Ideal entspricht, machen sie etwas falsch.

Es ist ein Irrglaube, dass der Geist während der Meditation frei von allen Gedanken sein muss. Das ist nicht der Fall. Es ist normal, dass man am Anfang ein Gewirr von Gedanken erlebt - und je mehr man versucht, die Gedanken zum Verschwinden zu bringen, desto mehr wird das Gegenteil eintreten.

Im Allgemeinen finden viele Menschen, dass es am einfachsten ist, mit der Meditation zu beginnen, indem sie sich auf ihren Atem konzentrieren.

VERTRAUT WERDEN

Frei übersetzt bedeutet der tibetische Begriff für Meditation, gom, „vertraut werden mit". Mit anderen Worten: Meditation ist ein Mittel, um vertrauter mit dem zu werden, was in Ihrem Geist vor sich geht, und mit den Arten von Gedanken, die Ihnen im Laufe des Tages in den Kopf kommen.

Das Engagement für eine
regelmäßige, tägliche Praxis
ist wichtiger als die
Methode oder Technik.

IHRE TÄGLICHE DOSIS

Nehmen Sie sich vor, täglich zu meditieren. „Hm", sagen Sie, „ich bin immer so beschäftigt - ich weiß nicht, ob ich noch etwas anderes in meinen vollgepackten Terminkalender quetschen kann." Wenn es Ihnen das leichter macht, betrachten Sie Meditation als eine Investition: eine Investition in Sie, Ihre Gesundheit und Ihr Wohlbefinden. Lassen Sie sich durch nichts anderes als eine Notlage von Ihrer Praxis ablenken. Meditation ist eine lohnende Investition, die mit der Zeit enorme Vorteile für viele Bereiche Ihres Lebens bringen wird.

Und Sie wissen, dass sie nicht viel Zeit in Anspruch nehmen muss; selbst wenn Sie nur 5 Minuten meditieren können, ist das für den Anfang ausreichend. Später werden Sie feststellen, dass eine längere Meditationssitzung - etwa 20 Minuten - Ihnen hilft, sich besser zu entspannen (obwohl es auch Menschen gibt, denen kurze 5-10-minütige Sitzungen genügen). Experimentieren Sie mit verschiedenen Sitzungslängen, bis Sie Ihren Wohlfühlbereich gefunden haben.

FINDEN SIE ZEIT

Wenn Sie darüber nachdenken, ist es seltsam, dass wir nie ein Problem damit haben, Zeit für Dinge zu finden, die wir gerne tun. Wenn Sie also eine positive Erfahrung mit der täglichen Meditation gemacht haben, und sei es auch nur für ein paar Minuten, wird es nicht lange dauern, bis Sie den Wunsch verspüren, länger zu meditieren - und es wird Ihnen nicht langweilig oder lästig vorkommen. Es wird sogar etwas sein, auf das Sie sich freuen.

Sie sollten *jeden* **Tag**
20 Minuten lang
meditieren, es sei denn,
Sie sind zu **beschäftigt.**
Dann sollten Sie
eine **Stunde** lang sitzen.

Zen-Sprichwort

WIE MAN MEDITIERT

EIN LEITFADEN FÜR ANFÄNGER

WANN MAN MEDITIERT

Versuchen Sie, wenn möglich, jeden Tag zur gleichen Zeit zu meditieren, um eine Routine zu entwickeln. Manche Menschen ziehen es vor, am frühen Morgen zu meditieren, denn wenn man gerade aus dem Schlaf erwacht ist, ist man noch nicht vom Stress des Tages gezeichnet. Das ist auch die Zeit, in der der Geist erfrischt ist und man sich am energiegeladensten fühlen sollte. Wie bei den meisten Dingen im Leben funktioniert das jedoch nicht für jeden - manche Menschen ziehen es vor, in ihrer Kaffeepause oder in der Mittagspause zu meditieren, wenn sie einen ruhigen Ort haben, an den sie gehen können, oder nach einem langen Arbeitstag. Denken Sie daran, es ist Ihre Entscheidung, also nehmen Sie einfach die Tages- oder Abendzeit, die für Sie am besten geeignet ist. Wenn Sie versuchen, sich zur Meditation zu einer Zeit zu zwingen, zu der Sie sich nicht wohlfühlen, wird es sich wie eine zusätzliche Unannehmlichkeit in Ihrer täglichen Routine anfühlen.

Das Wichtigste ist, dass man überall meditieren kann, solange man sich an einem Ort befindet, an dem man sich wohl fühlt.

Es gibt viele Möglichkeiten, mit der Meditation zu beginnen. Wenn Sie als Anfänger das Gefühl haben, dass Sie von einer Anleitung profitieren könnten, versuchen Sie es mit einem Online-Video, laden Sie eine App herunter oder suchen Sie sich eine geführte Meditationssitzung von Angesicht zu Angesicht.

ES GIBT
ZWEI FEHLER,
DIE MAN AUF DEM WEG
ZUR WAHRHEIT MACHEN KANN:
NICHT DEN GANZEN WEG
ZU GEHEN UND
NICHT ANZUFANGEN.

Buddhistisches
Sprichwort

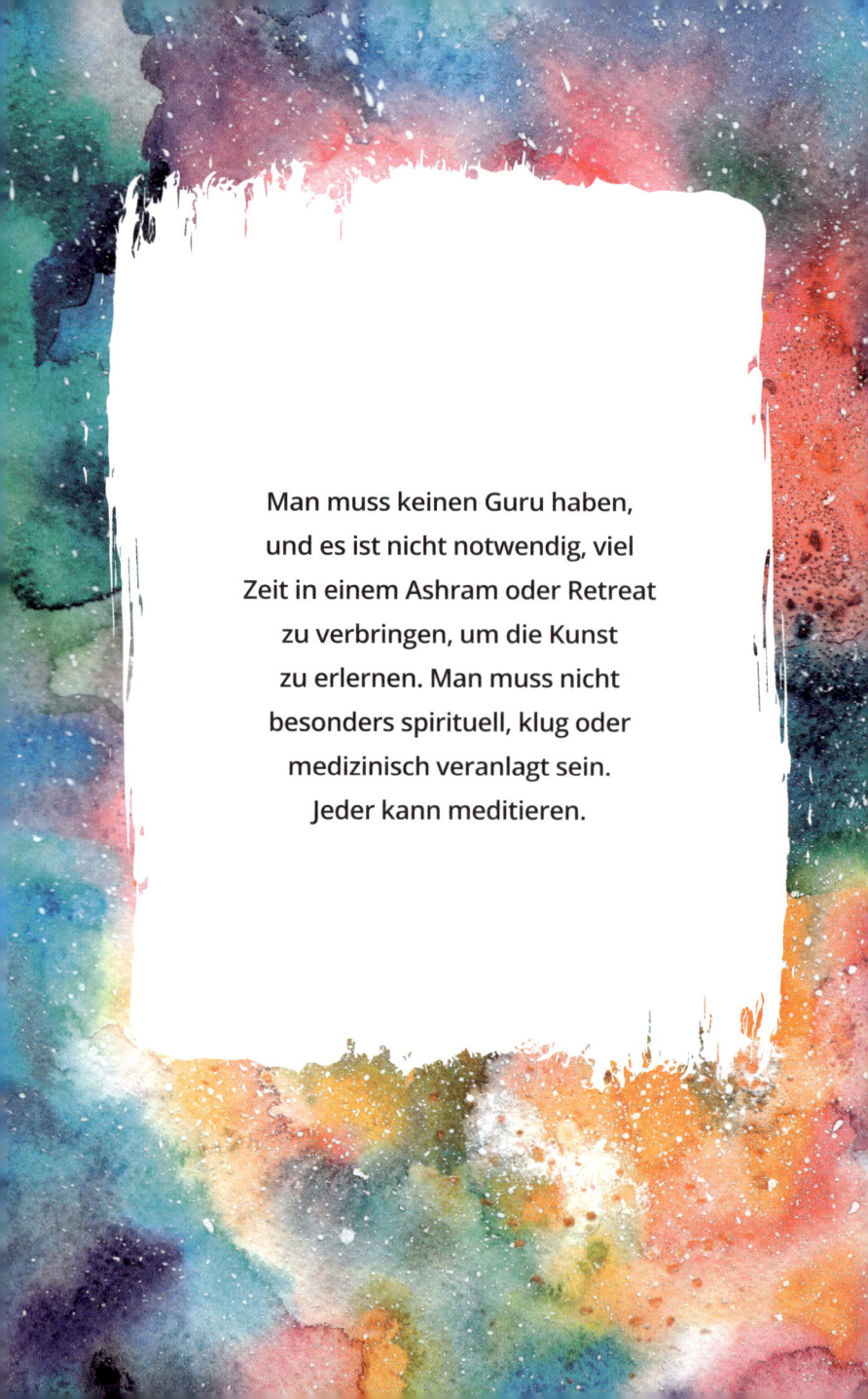

Man muss keinen Guru haben,
und es ist nicht notwendig, viel
Zeit in einem Ashram oder Retreat
zu verbringen, um die Kunst
zu erlernen. Man muss nicht
besonders spirituell, klug oder
medizinisch veranlagt sein.
Jeder kann meditieren.

MIT EINEM KLAREN KOPF BEGINNEN

Wie bei allen anderen Dingen gilt auch bei der Meditation: Je mehr Sie sie praktizieren, desto mehr werden Sie profitieren. Denken Sie jedoch daran, dass Sie sich in einem neutralen Geisteszustand befinden sollten, bevor Sie beginnen. Wenn es etwas gibt, um das Sie sich zuerst kümmern müssen, nehmen Sie sich etwas Zeit dafür, bevor Sie beginnen - andernfalls wird dies zu mentalen Problemen führen.

WAS SIE ANZIEHEN

Wenn Sie bereit sind, Ihre Sitzung zu beginnen, soll-
ten Sie bequeme Kleidung tragen. Ein Hauptziel der
Meditation ist es, den Geist zu beruhigen, und das
kann schwierig sein, wenn Sie sich unwohl fühlen.
Vermeiden Sie daher einschränkende Kleidung wie
Jeans oder etwas Enges. Lockere Sportkleidung ist
ideal, und ziehen Sie unbedingt Ihre Schuhe aus.
Tragen Sie einen Pullover oder benutzen Sie eine
Decke, wenn Sie in einer kühlen Umgebung medi-
tieren; Sie wollen nicht, dass das Gefühl der Kälte
Ihre Gedanken einschränkt.

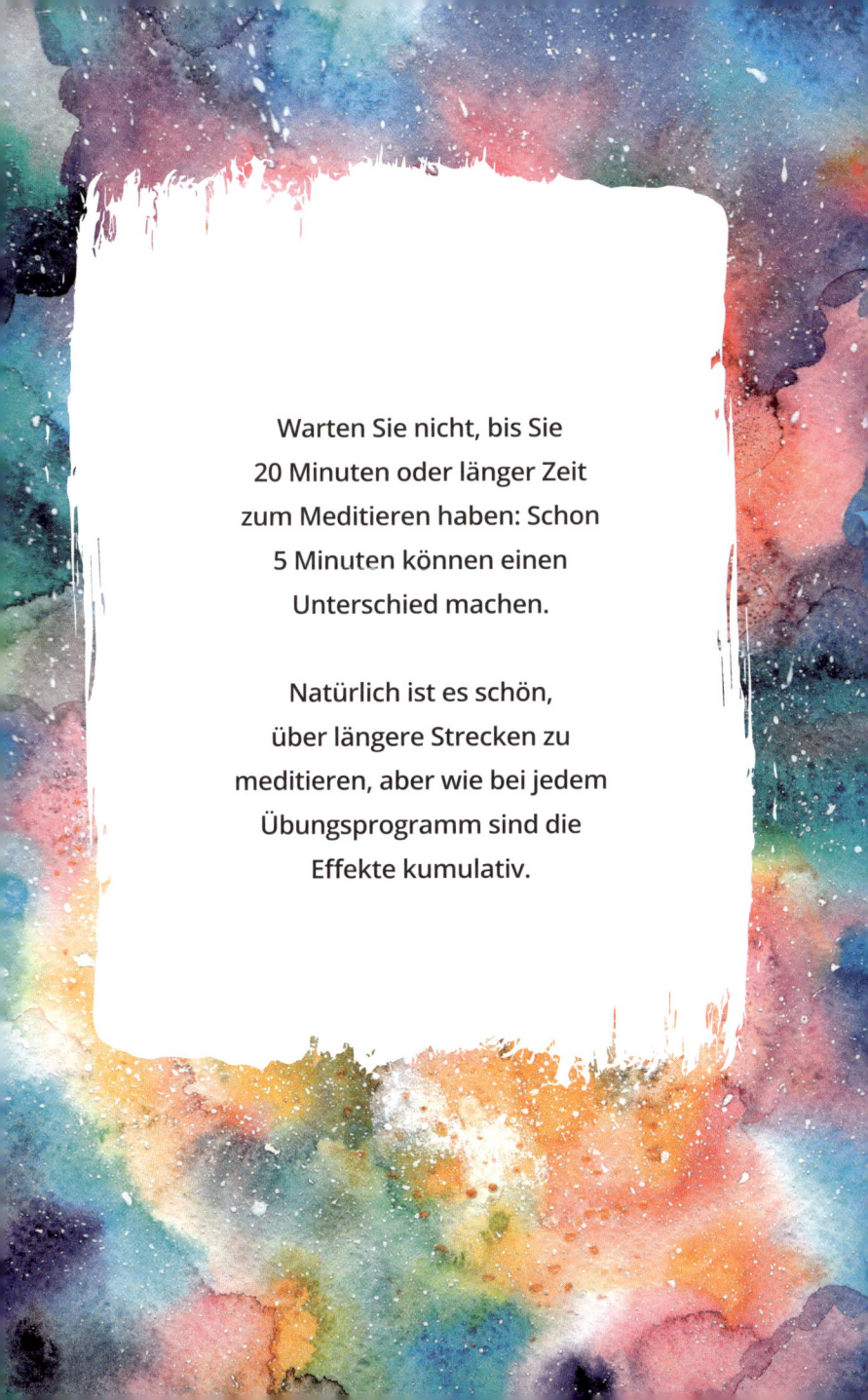

Warten Sie nicht, bis Sie
20 Minuten oder länger Zeit
zum Meditieren haben: Schon
5 Minuten können einen
Unterschied machen.

Natürlich ist es schön,
über längere Strecken zu
meditieren, aber wie bei jedem
Übungsprogramm sind die
Effekte kumulativ.

Bei der Meditation geht es nicht darum, den Geist zu leeren, sondern darum, die Gedanken wahrzunehmen und die Aufmerksamkeit auf die Atmung zu lenken.

ERSTER SCHRITT

Suchen Sie sich zunächst einen ruhigen Ort. Es muss kein völlig stiller Ort sein, sondern nur ein Bereich oder ein Raum, in dem Sie während der Zeit, die Sie sich zum Meditieren nehmen, nicht abgelenkt oder gestört werden. Versuchen Sie, einen besonderen Platz für Ihre Meditationssitzungen zu finden, fernab von alltäglichen Ablenkungen: Wenn Sie sich beispielsweise auf den Sessel setzen, den Sie normalerweise zum Fernsehen nutzen, oder auf den Stuhl, den Sie an Ihrem Schreibtisch benutzen, könnten Sie auf die Idee kommen, doch lieber andere Dinge zu tun als zu meditieren. Ein separater Raum, und sei er auch noch so klein, bedeutet, dass Ihr Geist und Ihr Körper ihn mit Ihrer Meditationspraxis in Verbindung bringen werden.

Entscheiden Sie, wie lange Sie meditieren wollen. Obwohl im Allgemeinen eine 15-minütige Sitzung empfohlen wird, können Sie anfangs auch nur 4-5 Minuten am Stück meditieren; das bleibt Ihnen überlassen. Wenn Sie möchten, können Sie sich langsam auf 15 oder 20 Minuten steigern. Schalten Sie den Fernseher und Ihr Telefon aus. Wenn Sie gerne Musik hören, wählen Sie etwas Ruhiges – oder etwas, das sich wiederholt -, um Ihre Konzentration nicht zu stören.

Meditation

kann uns helfen, unsere

Sorgen, unsere

Ängste und

unseren Ärger

anzunehmen, und

das ist sehr

heilsam..

Thích Nhât Hạnh

BESÄNFTIGEN SIE IHRE SINNE

Wenn Sie Kerzen mögen, könnten Sie diese im Raum aufstellen - sie verbessern die Atmosphäre und schaffen ein Gefühl der Entspannung. Aus Brandschutzgründen sollten Sie sich auf LED-Kerzen beschränken, von denen es inzwischen auch duftende Versionen zu kaufen gibt. Übrigens: Aromen können sich positiv auf Ihr Wohlbefinden auswirken. Auch eine Zimmerpflanze oder Blumen können ein Gefühl der Ruhe vermitteln und das Gefühl von Frieden und Schönheit in Ihrem Leben verstärken.

Wenn Sie abends meditieren und Ihr Raum künstlich beleuchtet ist, sollten Sie bei Bedarf einen Dimmer verwenden, um die Beleuchtung zu regulieren. Das alles trägt dazu bei, das Gefühl der Entspannung zu verstärken.

PÜNKTLICH AUF DIE MINUTE

Stellen Sie einen Timer ein. Mit einem Timer kön-
nen Sie nicht nur sicherstellen, dass Sie lange genug
meditieren, sondern auch, dass Sie Ihre Praxis nicht
unterbrechen müssen, um zu überprüfen wie lange
Sie noch meditieren sollten. Wenn Sie Vertrauen in
Ihre Meditation aufbauen, verlängern Sie den Timer
bei jeder Sitzung um 30 Sekunden, bis Sie 5 oder 10
Minuten am Stück meditieren. Kein Timer? Suchen
Sie nach Websites oder Apps, mit denen Sie die Zeit
Ihrer Sitzungen messen können. Wählen Sie ein
Gerät mit einem leisen Alarm - Sie wollen ja nicht
durch ein unerwartetes Geräusch aufgeschreckt
werden, sondern sich entspannen.

Sie müssen nicht
religiös sein, um zu
meditieren.

Meditation und Religion sind
zwei verschiedene Dinge, daher
ist es möglich, das eine ohne
das andere zu tun. Meditation
kann ohne jede religiöse
Bindung praktiziert
werden.

ZWEITER SCHRITT

Setzen oder legen Sie sich bequem hin. Entspannen Sie Ihre Muskeln, mit Ausnahme derjenigen, die Ihren Kopf, Ihren Nacken und Ihren Rücken stützen. Halten Sie den Mund geschlossen, aber entspannen Sie Ihren Kiefer - pressen Sie ihn nicht zusammen. Lassen Sie Ihre Zunge leicht den Gaumen berühren.

Wenn Sie keinen Meditationsstuhl oder kein Meditationskissen (manchmal auch Zafu genannt) haben, ist jedes bequeme Kissen oder Polster völlig ausreichend. Aufrechtes Sitzen ohne Rückenstütze hilft Ihnen, sich beim Ein- und Ausatmen auf Ihre Atmung zu konzentrieren. Wenn Sie auf einem herkömmlichen Stuhl sitzen, versuchen Sie, sich nicht zurückzulehnen. Bleiben Sie so aufrecht wie möglich, sofern Sie dazu in der Lage sind, und stützen Sie sich mit beiden Beinen ab, damit Sie aufmerksam bleiben. Überanstrengen Sie sich nicht: Lagern Sie Ihre Beine so, wie es für Sie angenehm ist. Strecken Sie sie vor sich aus oder kreuzen Sie sie unter sich, wenn Sie ein Kissen auf dem Boden benutzen. Im Gegensatz zu dem, was oft gepredigt wird, müssen Sie nicht im Lotussitz (padmasana) sitzen, um zu meditieren.

DER LOTUSSITZ

Für diejenigen, die nicht wissen, was der Lotussitz (padma-sana) ist: Sie sitzen mit gekreuzten Beinen und legen ihre Füße auf den jeweils gegenüberliegenden Oberschenkel. Das schafft eine stabile Grundlage für Ihren Körper, und es hat etwas Beruhigendes, so zu sitzen wie die großen Meditierenden der Vergangenheit. Natürlich kann es für manche Menschen schwierig sein, dies zu tun, und selbst mit etwas Übung schaffen Sie es vielleicht nie. Erzwingen Sie es nicht, wenn es Ihnen nicht natürlich vorkommt. Wenn Sie möchten, können Sie es mit dem halben Lotussitz versuchen, der etwas leichter zu bewerkstelligen ist als der volle Lotussitz. Dabei stellen Sie einen Fuß auf den gegenüberliegenden Oberschenkel und den anderen Fuß auf den Boden unter den gegenüberliegenden Oberschenkel. Achten Sie darauf, dass beide Knie den Boden berühren. Noch einfacher ist der Viertel-Lotus, bei dem ein Fuß auf der Wade des anderen Beins ruht.

STILLSTAND SUCHEN

Manche Praktizierende, die abends meditieren wollen, setzen sich gerne auf einen Stuhl und meditieren, während sie ihre Füße in eine Schüssel mit warmem Seifenwasser tauchen. Das kann helfen, den Stress des Tages zu vertreiben. Aber egal wie Sie sitzen, versuchen Sie so ruhig wie möglich zu sitzen. Da Körper und Geist eng miteinander verbunden sind, wird durch die Bewegung des Körpers auch der Geist in Bewegung gehalten. Bleiben Sie in Ihren Bewegungen ruhig und Sie sind auf halbem Weg zu einem ruhigen Geist.

Es kann hilfreich sein, die Hände in den Schoß zu legen, wobei die Handflächen nach oben zeigen und die rechte Hand auf der linken liegt. Wenn Sie sich dabei nicht wohlfühlen, können Sie Ihre Hände auch auf die Knie legen oder sie an den Seiten herunterhängen lassen.

Manchmal ist es etwas verwirrend, wenn man versucht den perfekten Platz zu finden und die perfekte Position einzunehmen; all das ist eigentlich nebensächlich. Meditation sollte sich natürlich und leicht anfühlen, auch wenn das bedeutet, dass man sich in der Mittagspause einfach auf eine Parkbank setzt und sich von Vogelgezwitscher begleiten lässt.

Bei der Meditation
geht es darum, Gelassenheit
zu entwickeln, Achtsamkeit
zu üben und Ihren Geist
von negativen Gedanken
zu befreien.

DRITTER SCHRITT

Einige Lehrer und Bücher sagen, man solle die Augen während der Meditation offen halten. Andere sagen, sie sollten geschlossen sein. In Wirklichkeit ist es völlig gleichgültig, ob Sie die Augen weit geöffnet oder fest geschlossen haben. Wenn Sie Anfänger sind, ist es wahrscheinlich einfacher, mit geschlossenen Augen zu meditieren, da Sie alle visuellen Ablenkungen ausblenden können. Der Nachteil von geschlossenen Augen ist, dass sie müde werden. Sie können Ihre Augen abwechselnd schließen und öffnen, schließen um sich zu konzentrieren, und öffnen, um präsent und wach zu bleiben. Wie auch immer Sie sich entscheiden: Es ist wichtig, dass Sie sich Ihrer Umgebung bewusst sind. Achten Sie auf das, was Sie hören, spüren Sie alle Empfindungen, die durch Ihren Körper fließen, und lassen Sie alle Gedanken durch Ihren Geist huschen.

VIERTER SCHRITT

Atmen Sie ganz natürlich mit geschlossenem Mund, während Sie durch die Nase ein- und ausatmen. Richten Sie Ihre Aufmerksamkeit auf Ihre Atmung und beobachten Sie das Auf- und Absteigen, das sie in Ihrem Körper erzeugt. Warum hilft es, sich auf die Atmung zu konzentrieren? Weil es bedeutet, dass man sich der Tendenz des Geistes bewusst wird, von einer Sache zur anderen zu springen. Die einfache Disziplin der Konzentration bringt uns zurück in die Gegenwart und den ganzen Reichtum der Erfahrung, den sie enthält. Wenn Ihr Geist abschweift - und das wird er zweifellos, vor allem zu Beginn Ihrer Meditationsreise - lenken Sie Ihre Aufmerksamkeit einfach wieder auf Ihren Atem und fahren Sie fort. In diesem Stadium ist es fast unmöglich, zufällige Gedanken oder Ideen davon abzuhalten, sich in Ihren Geist zu drängen, also machen Sie sich keine Sorgen darüber.

Seien Sie wachsam und doch entspannt, wenn Sie meditieren. Ja, das mag ein Widerspruch in sich sein, aber es ist notwendig, wach zu bleiben, um im Augenblick zu sein. Und wenn Sie sich zu sehr entspannen, schlafen Sie vielleicht ein!

Konzentrieren Sie sich auf Ihre Atmung, so wie es für Sie am angenehmsten ist. Manche Menschen konzentrieren sich darauf, wie sich ihre Lunge ausdehnt und zusammenzieht, während andere darüber nachdenken, wie die Luft durch ihre Nase strömt. Sie können sich sogar auf das Geräusch Ihrer Atmung konzentrieren. Versetzen Sie sich einfach in einen Geisteszustand, in dem Sie sich auf einen Aspekt Ihres Atems konzentrieren. Wenn Sie sich auf Ihre Ein- und Ausatmung konzentrieren, werden Sie feststellen, dass andere Gedanken aus der Außenwelt wegfallen, ohne dass Sie sich Gedanken darüber machen müssen, wie Sie sie ignorieren können.

ATMEN

Achten Sie einige Augenblicke lang genau auf die Qualität jedes Atems. Ist er tief? Ist er flach? Vielleicht ist er langsam oder schnell, lang oder kurz? Beginnen Sie, Ihre Atemzüge leise zu zählen - eins beim Einatmen, zwei beim Ausatmen, drei beim nächsten Einatmen und so weiter, bis zehn. Dann beginnen Sie wieder bei eins. Während Sie dies tun, kommen Ihnen vielleicht Gedanken in den Sinn. Das ist in Ordnung. Wenn Sie merken, dass Ihre Gedanken abschweifen, lenken Sie Ihre Aufmerksamkeit einfach wieder auf Ihre Atmung. Wenn Sie sich daran erinnern, bis zu welcher Zahl Sie gezählt haben, können Sie von dort aus wieder beginnen, oder Sie gehen zurück zur Eins und beginnen erneut. Wenn Sie es schaffen, versuchen Sie, länger auszuatmen als Sie einatmen. Indem Sie mehr verbrauchte Luft loswerden, schaffen Sie viel mehr Platz für frische Luft, die Ihre Lungen füllen kann.

AUFMERKSAMKEIT

Auch wenn Sie ein erfahrener Meditierender sind, werden Sie vielleicht feststellen, dass Ihre Gedanken abschweifen. Vielleicht fangen Sie an, darüber nachzudenken, was Sie später tun müssen, was auf der Arbeit passiert, was Sie zum Abendessen kochen wollen, dass Sie ein Kleidungsstück aus der Reinigung abholen müssen, dass Sie versprochen haben, sich mit jemandem zu treffen. Machen Sie sich keine Sorgen, konzentrieren Sie sich einfach wieder auf Ihre Atmung und lassen Sie die aufdringlichen Gedanken verschwinden. Ein nützliches Ziel für Anfänger ist es, die Aufmerksamkeit wieder auf das zu lenken, auf das man sich konzentriert hat, ohne sich selbst wegen des Abschweifens zu kritisieren.

Sobald Sie anfangen,
auf Ihren Atem zu achten,
sind Sie mehr in Kontakt
mit Ihrer inneren Welt,
mehr in Kontakt mit
dem Augenblick.

FÜNFTER SCHRITT

Beobachten Sie Ihre Körperhaltung und nehmen Sie die Emp-findungen wahr, wo Ihr Körper den Stuhl berührt und Ihre Füße den Boden berühren. Spüren Sie, wie Ihre Hände auf Ihren Beinen ruhen oder, wenn Sie liegen, neben Ihrem Kör-per. Nehmen Sie Ihre Sinne wahr und achten Sie darauf, was Sie riechen, hören oder schmecken können.

Gelegentlich können Sie Krämpfe, Schmerzen oder Kribbeln in den Armen oder Beinen spüren. Achten Sie in diesem Fall auf eine korrekte Körperhaltung. Vielleicht ist Ihnen gar nicht aufgefallen, dass Sie krumm sitzen oder Ihre Muskeln anspan-nen. Wenn Sie zu lange in einer Position gesessen haben, kann es zu einem Kribbeln oder einem Taubheitsgefühl kommen. Dieses Gefühl verschwindet zwar in der Regel recht schnell, aber Sie können es durch Dehnungsübungen verhindern.

Wenn Sie jedoch in einer bequemen, korrekten Position me-ditieren und dennoch Schmerzen, Krämpfe oder Muskelver-spannungen verspüren, sollten Sie wissen, dass dies für man-che Menschen keine ungewöhnliche Empfindung ist - es ist ein Zeichen dafür, dass vergangene Traumata, die im Körper gespeichert sind, allmählich gelöst werden. Es bedeutet nicht, dass Sie nicht richtig meditieren - es bedeutet, dass Ihre Praxis effektiv und korrekt ist und Sie die alten Wunden heilen.

Machen Sie einfach mit Ihrer Praxis weiter und versuchen Sie, dem Prozess der körperlichen Befreiung nicht zu viel Beachtung zu schenken. Er wird zu Ende gehen, wenn die gespeicherten Spannungen abgebaut wurden. Eine Massage oder ein Bad nach der Meditation können auch helfen, den Körper zu entspannen, bis die Beschwerden verschwunden sind.

Manche Menschen finden, dass das Üben von Yogastellungen vor ihrer Meditationssitzung das Sitzen viel angenehmer macht. Die Kobra-Pose und die Heuschrecken-Pose sind beide gut für die Stärkung der Wirbelsäule.

ES IST BESSER,
EIN WENIG MIT TIEFE
ZU MEDITIEREN, ALS
LANGE ZU MEDITIEREN,
WÄHREND DER GEIST
HIN UND HER LÄUFT.

Paramahansa
Yogananda

SECHSTER SCHRITT

Wenden Sie Ihren Geist langsam nach innen. Scannen Sie Ihren Körper von der Fußsohle bis zum Scheitel. „Den Körper abtasten" bedeutet, dass Sie Ihre Meditationspraxis damit beginnen, Ihr Bewusstsein zu Ihren Füßen und Zehen zu bringen, bevor Sie sich gedanklich zu Ihren Knöcheln, Waden, Knien, Oberschenkeln und Ihrem Bauch hochbewegen. Fahren Sie fort, sich geistig nach oben zu bewegen, bis Sie schließlich den Kopf erreichen. Beobachten Sie alle Stellen, an denen Spannung herrscht. Versuchen Sie nicht, das was Sie bei diesen Beobachtungen feststellen, zu verändern, sondern nehmen Sie es einfach zur Kenntnis. Beobachten Sie nun, welche Teile Ihres Körpers sich entspannt anfühlen. Nehmen Sie die Gedanken wahr, die auftauchen, aber versuchen Sie nicht, sie zu ändern. Es gibt keinen Grund zur Sorge, dass Ihr Geist nicht klar ist. Viele Menschen denken, dass es bei der Meditation nur darum geht, den Geist zu reinigen, ihn von allen Gedanken zu befreien. Das ist nicht der Fall. Üben Sie einfach, Ihre Aufmerksamkeit zu fokussieren, und üben Sie erneut, wenn Ihre Gedanken abschweifen. Machen Sie weiter, bis der Timer ertönt.

Selbst wenn Sie nur ein paar Minuten täglich meditieren, hat das eine tiefgreifende Wirkung. Bleiben Sie dabei, geben Sie nicht auf und geben Sie der Sache Zeit. Wie bei den meisten Dingen gilt: Je mehr Sie investieren, desto mehr bekommen Sie zurück.

SIEBTER SCHRITT

Wenn Ihre Meditationssitzung beendet ist, öffnen Sie Ihre Augen nicht überstürzt. Öffnen Sie sie langsam und allmählich und nehmen Sie sich Zeit, um sich selbst und Ihre Umgebung wahrzunehmen. Bleiben Sie einige Minuten ruhig sitzen und strecken Sie Ihre Arme und Beine sanft aus, bevor Sie zu Ihren üblichen Aktivitäten zurückkehren. Seien Sie sanft zu sich selbst. Beginnen Sie nicht plötzlich Dinge zu tun, was auch immer diese sein mögen. Überlegen Sie, was Sie als Nächstes tun werden - eine Tasse Kaffee kochen, mit dem Hund spazieren gehen oder den Bus zur Arbeit nehmen. Halten Sie das Gefühl der Ruhe fest, das Sie während Ihrer Meditation erzeugt haben - behalten Sie es in Ihrer Nähe und nehmen Sie es mit zu Ihrer nächsten Aufgabe. Erinnern Sie sich den ganzen Tag über an das Gefühl, das Ihnen die konzentrierte Aufmerksamkeit während der Meditation gegeben hat. Atmen Sie ein paar Mal tief durch und rufen Sie sich die Erfahrung ins Gedächtnis. Achten Sie darauf, wie Sie sich dabei fühlen.

Idealerweise meditieren Sie als erstes am Morgen und dann noch einmal am Ende des Tages. Mit zunehmender Gewöhnung an das Meditieren werden Sie einen erfrischenden Zustand natürlicher Klarheit und Konzentration erleben.

Bei der
Meditation geht es
nicht darum, den Geist
zu kontrollieren oder zu
beruhigen. Es geht darum,
mit Ihrem Geist im
Reinen zu sein.

Versuchen Sie nicht,
etwas zu erzwingen.

URTEILEN SIE NICHT VOREILIG

Denken Sie immer daran: Es gibt kein Richtig oder Falsch, wenn Sie meditieren. Vielleicht ärgern Sie sich, wenn Sie abgelenkt sind oder zappeln - oder feststellen, dass Ihr Geist abschweift. Diese Dinge sind nicht schlecht oder falsch. Es handelt sich dabei nicht um negative Erfahrungen, sie sind ganz natürlich. bei der Meditation geht es darum, solche Dinge zu erfahren und sie zuzulassen.

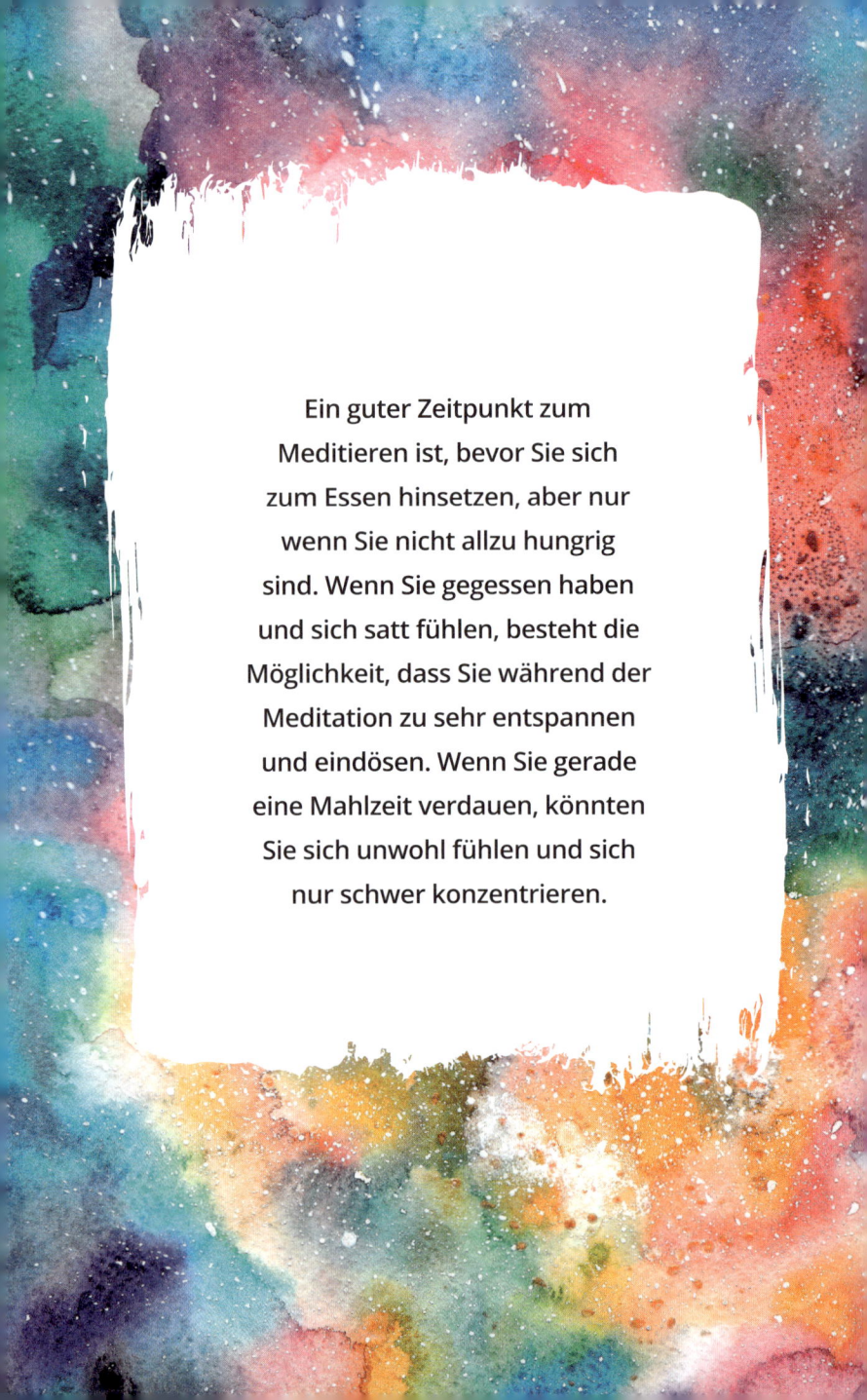

Ein guter Zeitpunkt zum
Meditieren ist, bevor Sie sich
zum Essen hinsetzen, aber nur
wenn Sie nicht allzu hungrig
sind. Wenn Sie gegessen haben
und sich satt fühlen, besteht die
Möglichkeit, dass Sie während der
Meditation zu sehr entspannen
und eindösen. Wenn Sie gerade
eine Mahlzeit verdauen, könnten
Sie sich unwohl fühlen und sich
nur schwer konzentrieren.

GEMEINSAM ODER ALLEIN?

Wenn Sie sich nicht motiviert fühlen, allein zu meditieren, schließen Sie sich einem Meditationskurs an. Sie werden nicht nur Freunde mit einem gemeinsamen Interesse finden, sondern Sie haben auch mehr Motivation, wenn Sie von anderen unterstützt werden. Wie auch immer Sie sich entscheiden, ob Sie gemeinsam oder allein meditieren, der beste Weg um gute Meditationsgewohnheiten zu entwickeln, ist täglich zu praktizieren - tun Sie es einfach!

Verbringen Sie beim Meditieren keine Zeit damit, sich Gedanken darüber zu machen, ob Sie es richtig machen oder nicht. Es kann einige Zeit dauern, bis Sie geübt sind, und das ist völlig in Ordnung. Üben Sie einfach weiter und genießen Sie die Reise.

MEDITATION UND IHRE HEUTIGE BEDEUTUNG

MEDITATION IN DER MODERNEN WELT

Einige von Ihnen, die dieses Buch lesen, denken vielleicht: „Wie kann eine uralte Praxis wie die Meditation in unserer heutigen Welt von Bedeutung sein?" Sie ist wahrscheinlich sogar noch relevanter als sie es jemals war. Und warum? Im Gegensatz zu unseren Vorfahren verbringen wir heute weniger Zeit damit, in den Himmel zu starren, die vorbeiziehenden Wolken zu beobachten, die Natur zu genießen und einfach nur im Augenblick präsent zu sein. Einfach ausgedrückt, hat sich das Lebenstempo beschleunigt, und im Allgemeinen versuchen wir mit diesem Tempo Schritt zu halten.

Das ist

wahrscheinlich

die **beste**

Investition,

die ich je getätigt habe.

Stella McCartney über Meditation

DAS BEDÜRFNIS
NACH ENTSCHLEUNIGUNG

Es lässt sich nicht leugnen, dass die heutige Welt scheinbar nicht stillsteht und sehr anspruchsvoll ist. Wir werden täglich mit mehr Informationen und Reizen bombardiert, als unsere Vorfahren in ihrem ganzen Leben. Von Berufen mit hohem Druck, Fristen und digitaler Überlastung bis hin zu Verkehrschaos, einer endlosen To-do-Liste, finanziellen Sorgen und Beziehungsproblemen sind wir wahrscheinlich mehr gestresst und stehen mehr unter Druck als je zuvor. Infolgedessen wird unsere Stressreaktion, einer unserer angeborenen physiologischen Mechanismen, der nur in lebensbedrohlichen Situationen ausgelöst werden sollte, ständig aktiviert. Die meisten von uns kommen nie genug zur Ruhe, um einfach „zu sein".

DER GEGENWÄRTIGE MOMENT

Wir sind von so vielen Dingen umgeben, die unsere Aufmerksamkeit erfordern. Nehmen Sie sich ein paar Minuten Zeit, um sich auf das Wesentliche zu konzentrieren: Ihre Gefühle und Gedanken. In einer Welt, in der wir vergessen haben, wie wichtig es ist im gegenwärtigen Moment zu leben, sich des „Hier und Jetzt" und der darin enthaltenen Kraft bewusst zu sein, ist Meditation genau das, was wir brauchen um zu uns selbst zurückzufinden.

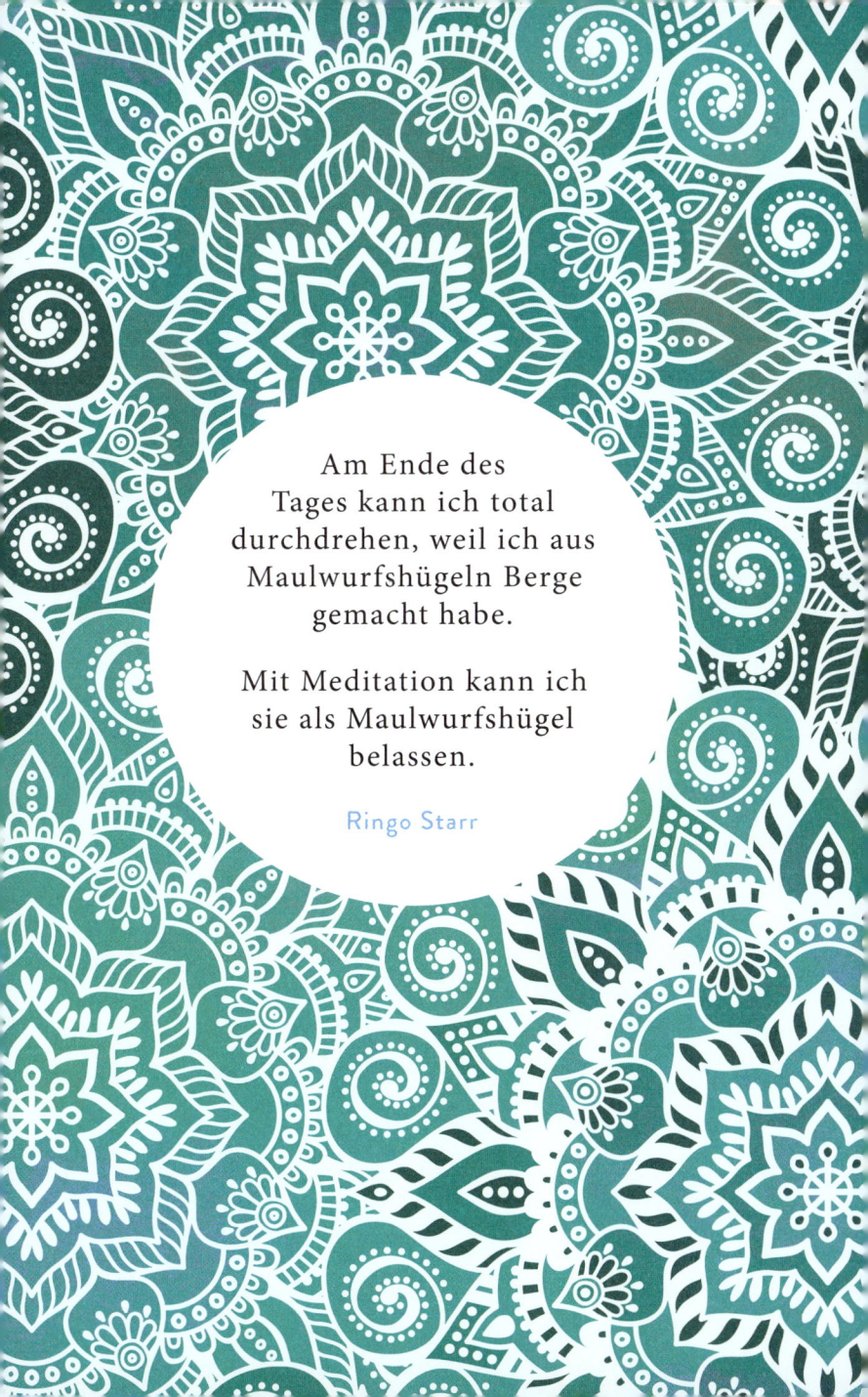

Am Ende des
Tages kann ich total
durchdrehen, weil ich aus
Maulwurfshügeln Berge
gemacht habe.

Mit Meditation kann ich
sie als Maulwurfshügel
belassen.

Ringo Starr

(MEDITATION)
HILFT MIR,
MEINE MOTIVATION
FÜR DEN TAG
FESTZULEGEN.

Richard Gere

VORTEILE FÜR DIE GESUNDHEIT

Die einfache Praxis der Meditation hat zahlreiche gesundheitliche Vorteile, die dazu beitragen können, den Stress des modernen Lebens zu lindern und ein gewisses Gleichgewicht in Ihre Welt zurückzubringen. Meditation verbessert die Gehirn- und Darmfunktion, wirkt sich positiv auf das Immunsystem und die Stimmung aus und hilft sogar, den Alterungsprozess zu verlangsamen. Sich jeden Tag die Zeit zu nehmen, im Geiste still zu sein, ist einer der besten Schritte, die Sie in Richtung Glück und Gesundheit unternehmen können.

Es macht
mich ruhig und
glücklich und...

gibt mir etwas Frieden
und Ruhe in einem ziemlich
chaotischen Leben!

Hugh Jackman
über Meditation

EINE LÖSUNG FÜR STRESS

Stress hat alle möglichen kurz- und langfristigen Auswirkungen auf die Gesundheit. Stressbedingte Probleme können von Angstzuständen, Verdauungsproblemen und hohem Blutdruck bis hin zu Kopfschmerzen, schlechtem Schlaf und Müdigkeit reichen. Bevor Sie in die Apotheke gehen und ein Päckchen Tabletten kaufen, sollten Sie es stattdessen mit Meditation versuchen. Meditation gibt Geist und Körper die Möglichkeit, sich zu erholen und zu erneuern. Wenn Sie regelmäßig meditieren, werden Sie feststellen, dass Meditation eine der wirksamsten Techniken zum Stressabbau ist. Wahrhaftig. Sie brauchen keine Tabletten.

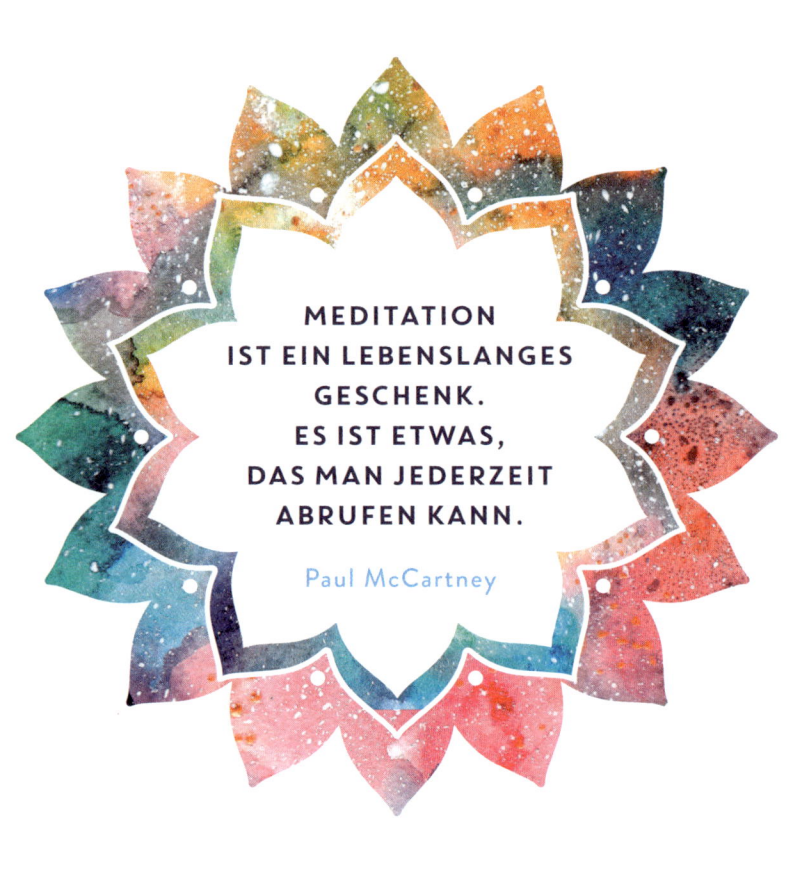

MEDITATION
IST EIN LEBENSLANGES
GESCHENK.
ES IST ETWAS,
DAS MAN JEDERZEIT
ABRUFEN KANN.

Paul McCartney

MEDIZIN FÜR DEN GEIST

Wenn wir frei von Stress sind, schlafen wir gut und fühlen uns glücklicher. Wir fühlen uns in jeder Hinsicht besser. Mit etwas Übung hilft Meditation, beunruhigende Gedanken zu vertreiben und ein tieferes Gefühl der Selbsterkenntnis zu entwickeln. Menschen, die meditieren, führen im Allgemeinen ein glücklicheres Leben als diejenigen, die nicht meditieren. Abgesehen davon, dass Meditation Ihr Glück und Ihr allgemeines Wohlbefinden steigert, verbessert sie auch Ihr Gedächtnis und Ihre Konzentrationsfähigkeit. Das kann nicht schlecht sein!

Meditation verhilft nicht nur zu einem Gefühl der **Ausgeglichenheit...** sondern auch zu **Gelassenheit** und einer **Art** ruhigem **Geisteszustand.**

Eva Mendes

GEHIRN-TRAINING

Die Bedeutung der Meditation kann gar nicht hoch genug eingeschätzt werden. Indem man sich auf die Erfahrungen des Augenblicks konzentriert, wird das Gehirn darauf trainiert, auch in Stresssituationen ruhig zu bleiben. Auch die Angst, die durch die Ungewissheit zukünftiger Ereignisse verursacht wird, nimmt deutlich ab. Wir alle brauchen eine ruhige Zeit, um unsere Batterien wieder aufzuladen, und heutzutage genießt die Meditation die Anerkennung, die sie verdient, weil sie uns dabei hilft.

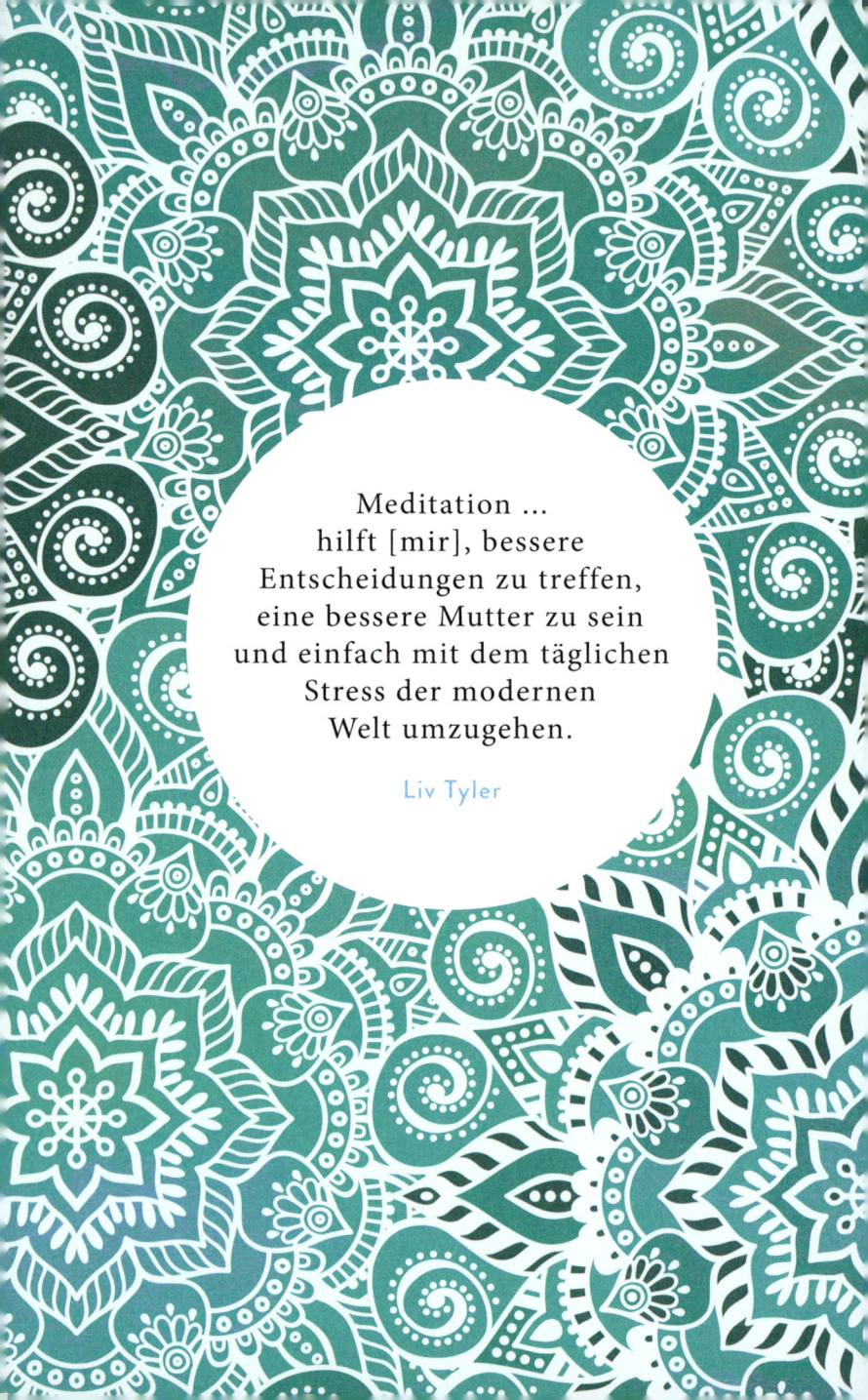

Meditation ...
hilft [mir], bessere
Entscheidungen zu treffen,
eine bessere Mutter zu sein
und einfach mit dem täglichen
Stress der modernen
Welt umzugehen.

Liv Tyler

Meditation hat eine beruhigende Wirkung, die uns entspannt, indem sie die Stressreaktion ausschaltet; sie ermöglicht es uns, einen tiefen Ruhezustand zu erreichen. In diesem Zustand findet Selbstheilung statt. Können Sie sich eine bessere Methode vorstellen, um die Wunden des Lebens zu heilen?

EINE KURZE GESCHICHTE
DER MEDITATION

DIE ERSTEN MEDITIERENDEN

Niemand weiß genau, wann die Menschen zu meditieren begannen, aber Experten sind sich einig, dass die Praxis vor Tausenden von Jahren begann, also noch vor der Entstehung der modernen Zivilisation.

In prähistorischen Zeiten verwendeten die Zivilisationen sich wiederholende, rhythmische Gesänge bei Opfergaben für ihre Götter. Einige frühe Hinweise auf die Meditation finden sich in den Hindu-Schriften, während etwa im fünften bis sechsten Jahrhundert im konfuzianischen und taoistischen China und im buddhistischen Indien andere Formen der Meditation entwickelt wurden. Die strukturierte Meditationspraxis, die wir heute eher kennen, stammt wahrscheinlich aus Indien und liegt etwa 5000 Jahre zurück. Die Praxis als formales Element eines spirituellen Weges ist wahrscheinlich am engsten mit dem Buddhismus verbunden, einer spirituellen Tradition, die sich an die Kulturen der Regionen angepasst hat, in denen sie Wurzeln geschlagen hat.

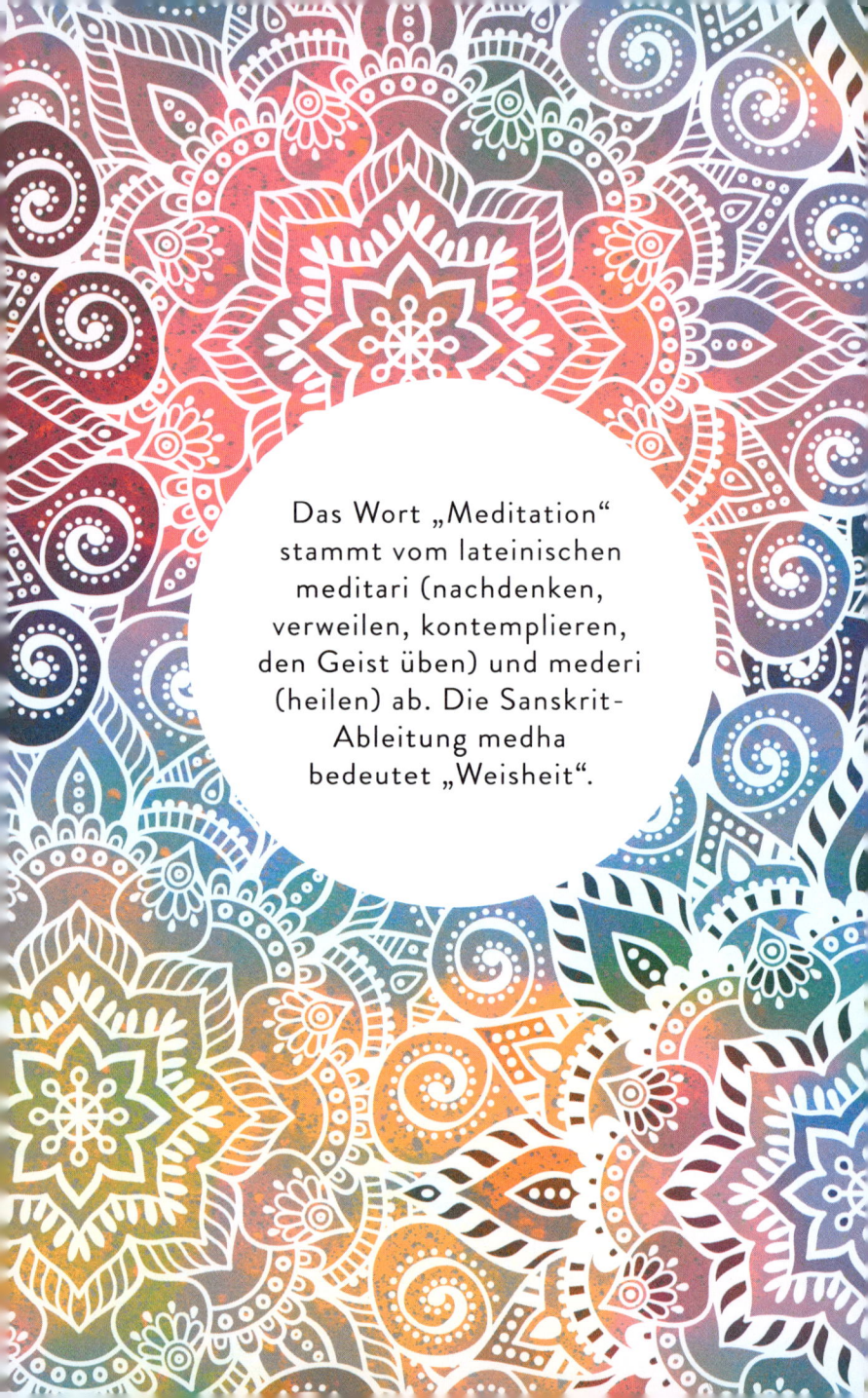

Das Wort „Meditation"
stammt vom lateinischen
meditari (nachdenken,
verweilen, kontemplieren,
den Geist üben) und mederi
(heilen) ab. Die Sanskrit-
Ableitung medha
bedeutet „Weisheit".

EIN RUHIGER GEIST
WIRD NICHT VON
DEN WELLEN
DER GEDANKEN
GESTÖRT.

Remez Sasson

> Meditation ermöglicht es dem Praktizierenden, negative Gedanken in positive Gedanken umzuwandeln, was allen Bereichen des Lebens zugutekommt.

Es kam zu einer Spaltung zwischen hinduistischer und buddhistischer Meditation, als die buddhistischen Anhänger nicht mehr daran glaubten, dass die Meditation dazu dienen sollte, einem höheren Wesen näher zu kommen. Dafür war die hinduistische Meditation gedacht. Die Buddhisten betrachteten sie vielmehr als ein Mittel, um die eigene Verbundenheit mit allen Dingen zu erkennen.

Ein ruhiger und
friedlicher Geist
ist ein Reservoir
für kreative Ideen
und ermöglicht es,
diese Ideen zu
verwirklichen.

Als der japanische Buddhismus im achten Jahrhundert zu wachsen begann, wurde der japanische Mönch Dosho während eines Besuchs in China in Zen unterrichtet, und als er nach Hause zurückkehrte, eröffnete er seine erste Meditationshalle in Japan. Er schrieb die Anweisungen für die sitzende Meditation, die als „Zazen" bekannt ist, und gründete eine Gemeinschaft von Mönchen, die sich hauptsächlich auf diese Form der Meditation konzentrierte.

In der Zwischenzeit entwickelten verschiedene religiöse Gruppen ihre eigenen Versionen der Meditation. Die jüdische Gemeinschaft nahm bestimmte meditative Praktiken in ihre Traditionen auf, einschließlich ihrer kabbalistischen Methoden. Im Islam übte man sich in der Atemkontrolle, während man die verschiedenen Namen für seinen Gott rezitierte. Die östlichen Christen wiederholten Gebete und nahmen bestimmte meditative Haltungen ein.

Meditation hilft
den Menschen, weniger
zu zögern, und ermöglicht
es ihnen daher, in der
gleichen Zeit mehr
zu erledigen.

EINE KURZE ZEITLEISTE DER MEDITATION

5000-3500 v. Chr. - Nach Ansicht von Archäo-
logen, die im Indus-Tal im Nordwesten Südasiens
Hinweise auf Meditation in Wandmalereien entdeckt
haben, begann die Meditation etwa in dieser Zeit.
Die Bilder zeigen Menschen, die mit gekreuzten
Beinen auf dem Boden sitzen und ihre Hände auf
den Knien ruhen. Viele von uns kennen diese Haltungen als Meditationshaltung.

1500 v. Chr. - Die frühesten dokumentierten Auf-
zeichnungen über Meditation stammen aus den ve-
dischen Schriften Indiens.

600-500 v. Chr. - Chinesische Taoisten und indi-
sche Buddhisten entwickeln ihre eigenen Versionen
der Meditation.

400-200 v. Chr. - Die *Bhagavad Gita* wird geschrie-
ben. In dieser wird hinduistische Philosophie, Yoga,
Meditation und spirituelles Leben erörtert.

653 n. Chr. - Dosho, ein japanischer Mönch, eröffnet die erste Meditationshalle in Japan.

Im Schnelldurchlauf ins 20. Jahrhundert, als östliche Lehren in die westliche Kultur Einzug halten.

1950er Jahre - Säkulare Formen der Meditation werden in Indien als moderne Form der hinduistischen Meditationstechniken eingeführt.

1960er Jahre - Die Transzendentale Meditation (siehe Seite 113) wird in Nordamerika und Europa populär. Zu dieser Zeit beginnen junge Erwachsene mit bewusstseinserweiternden Drogen zu experimentieren. Die Beatles machten den Kulturwandel dieser Zeit bekannt, als sie nach Indien reisten und mit der Meditation begannen, die sie so tief beeindruckte, dass sie ihr Weißes Album schrieben.

Deine **Vision** wird erst

dann klar, wenn du

in dein eigenes **Herz**

schauen kannst.
Wer nach aussen schaut,

träumt; wer nach

innen schaut, **erwacht.**

Carl Jung

ARTEN DER MEDITATION

EINEN STIL WÄHLEN

Es gibt viele verschiedene Arten der Meditation, aus denen Sie wählen können. Einige Stile konzentrieren sich auf ein Mantra oder die Atmung, während andere das Gehen, Visualisieren, T'ai Chi, Yoga oder Kristalle einbeziehen. Jeder macht es anders.

Um herauszufinden, welche Art der Meditation für Sie am besten geeignet ist, müssen Sie einige Arten ausprobieren, damit Sie später die Praxis wählen können, mit der Sie sich am wohlsten fühlen. Sie können sich nicht mit allen vertraut machen, aber Sie werden eine oder zwei finden, die zu Ihnen und Ihren Bedürfnissen passen. Manche Menschen praktizieren vor allem eine Form der Meditation, aber es ist völlig in Ordnung, von Zeit zu Zeit zwischen mehreren Arten zu wechseln.

Es gibt
Kurse, Bücher
und Videos, die Ihnen
helfen zu entdecken, welche
Meditationsart was für Sie
tun kann. Scheuen Sie sich
nicht, mit neuen Techniken
zu experimentieren, um
herauszufinden was am
besten zu Ihnen und Ihrem
Lebensstil passt.

HERZ-RHYTHMUS-MEDITATION (HRM)

**Nützlich für: Stressabbau und
Ausgleich des Hormonspiegels**

Bei der Herzrhythmus-Meditation wird die Energie auf die Entwicklung des Bewusstseins konzentriert. Diese Form der Meditation konzentriert sich in erster Linie auf das Herz, wobei der Schwerpunkt auf der Atmung im Takt einer bestimmten Anzahl von Herzschlägen liegt. Dies führt zu einem Gefühl der Körpermitte und einem konzentrierten Geist. Diese Art der Meditation wird hauptsächlich im Sitzen mit geschlossenen Augen praktiziert, kann aber auch mit offenen Augen beim Gehen, Sprechen oder sogar bei der Arbeit durchgeführt werden. HRM bietet körperliche, emotionale und spirituelle Vorteile und hilft dem Einzelnen, besser mit Stress umzugehen und einen wertschätzenden Geist zu entwickeln.

MEDITATION
ERMÖGLICHT ES UNS,
UNMITTELBAR AN UNSEREM
LEBEN TEILZUNEHMEN,
ANSTATT DAS LEBEN
ALS NACHTRÄGLICHEN
GEDANKEN ZU LEBEN.

Stephen Levine

CHAKRA-MEDITATION

Nützlich für: Steigerung des Selbstvertrauens, Ausgleich der Emotionen und Erhöhung der Schwingung der Gedanken

Chakren sind die Energiezentren des Körpers. Es gibt sieben von ihnen:

1. Das Wurzelchakra an der Basis der Wirbelsäule bezieht sich auf unsere Grundbedürfnisse, unser Überleben und unsere Sicherheit.
2. Das Sakralchakra im Unterbauch unterhalb des Nabels steht für unser Wohlbefinden und unsere Fähigkeit, uns mit anderen zu verbinden.
3. Das Solarplexus-Chakra im Oberbauch regelt Selbstvertrauen und Intellekt.
4. Das Herzchakra, oberhalb des Herzens, hat mit unseren Gefühlen zu tun und damit, wie wir Liebe zeigen.
5. Das Halschakra, das sich im Nacken befindet, bestimmt wie wir kommunizieren.
6. Das Chakra des dritten Auges, zwischen den Augenbrauen, steht für Intuition und die Fähigkeit zu sehen, was unter der Oberfläche liegt.
7. Das Kronenchakra, oben auf dem Kopf, ist das Tor zur spirituellen Verbindung.

Die häufigste Chakra-Meditation für Anfänger besteht darin, sich auf das Herzchakra (viertes Chakra) zu konzentrieren.

Schließen Sie Ihre Augen und reiben Sie Ihre Handflächen aneinander, um ein Gefühl von Wärme und Energie zu erzeugen. Legen Sie Ihre rechte Hand auf die Mitte Ihrer Brust, über Ihr Herzchakra, und legen Sie Ihre linke Hand auf Ihre rechte Hand. Atmen Sie tief ein und sagen Sie beim Ausatmen „yam" - dies ist die Schwingung, die mit dem Herzchakra verbunden ist. Stellen Sie sich vor, dass grüne Energie von Ihrer Brust in Ihre Handflächen ausstrahlt. Wenn Sie bereit sind, legen Sie Ihre Hände an die Seite und erlauben Sie der Liebe, dem Leben und der Positivität, aus Ihren Handflächen zu entweichen und Ihre Liebe in die Welt zu senden.

Eine weitere beliebte Chakra-Meditation ist das Dritte-Augen-Chakra, das in Sanskrit als Ajna-Chakra bezeichnet wird. Dieses Chakra befindet sich zwischen den Augenbrauen und ist mit Intuition, Vorstellungskraft und der Fähigkeit verbunden, unsere Verbindung zum großen Ganzen zu sehen.

EIN FREIER UND
STILLER GEIST
IST IMMER
IN MEDITATION.

Remez Sasson

KUNDALINI

**Nützlich für: Steigerung der körperlichen Energie und
Umgang mit Problemen wie Fibromyalgie**

Kundalini bedeutet ins Deutsche übersetzt „Schlange". Diese recht komplexe Meditationsform, die auch eine Art von Yoga ist, hat ihre Wurzeln in buddhistischen und hinduistischen Lehren. Sie konzentriert sich darauf, die Kundalini-Energie, die im dreieckigen Kreuzbein am unteren Ende der Wirbelsäule schlummert, zu erwecken und dadurch freizusetzen. Dies geschieht durch die Konzentration auf die Atmung, die durch die Energiezentren im Körper fließt. Die Anregung dieser Energie reinigt das System und führt zu einer vollständigen Bewusstheit des eigenen Körpers. Bei Kundalini werden Techniken wie z. B. die Wechselatmung durch die Nasenlöcher verwendet. Sobald diese Energie freigesetzt ist, kann der Einzelne einen veränderten Bewusstseinszustand erleben. Kundalini beinhaltet intensive Atemarbeit und die Öffnung des Wurzelchakras. Zu den Endzielen gehören die Reinigung des Geistes, die Steigerung der körperlichen Vitalität, der Ausgleich der Chakren, die Steigerung des Bewusstseins und schließlich die Erleuchtung.

Es wird empfohlen, die Kundalini-Meditation nur im Beisein eines erfahrenen Yogis zu praktizieren.

Meditation hilft
uns zu erkennen, dass das
wichtigste Geschenk,
das wir haben, das
Hier und Jetzt ist.

GEFÜHRTE VISUALISIERUNG

**Nützlich für: Selbstverbesserung, Heilung, Stressabbau
und persönliche Entwicklung**

Diese Technik kann zur spirituellen Heilung, zum Stressabbau oder zur persönlichen Entwicklung eingesetzt werden: „Der Geist ist alles. Was man denkt, wird man", sagt ein buddhistisches Sprichwort. Indem man sich glückliche, positive Erfahrungen vorstellt, reagiert der Körper mit der Freisetzung von Chemikalien, die positive Gefühle erzeugen. Diese Visualisierungen sind in der Regel darauf zugeschnitten, Ihnen zu helfen, bestimmte Ziele zu erreichen, von sportlichen Erfolgen bis hin zu persönlicher Veränderung oder tiefer Entspannung. Geführte Visualisierungen können Ihnen dabei helfen, eine tiefere spirituelle Verbindung zu erleben oder Zugang zu Ihrem Unterbewusstsein zu finden; fast jeder Aspekt des Lebens kann durch positive Bilder verbessert werden. Wenn Sie ein bestimmtes Ziel vor Augen haben, ist es sehr einfach, geführte Visualisierung zu praktizieren: Sie stellen sich einfach die gewünschte Situation vor.

Die Visualisierungsmeditationen der tibetischen Tradition sind im Allgemeinen spezifische religiöse Praktiken. Die Visualisierung einer Meditationsgottheit bildet dabei die Grundlage für die Kultivierung innerer Qualitäten wie Mitgefühl und Weisheit. Für diese Art von Praxis sollte man sich von einem professionellen Yogi anleiten lassen.

**KONTROLLIERE
DEINEN GEIST
STATT DICH VOM GEIST
KONTROLLIEREN
ZU LASSEN.**

Japanisches
Sprichwort

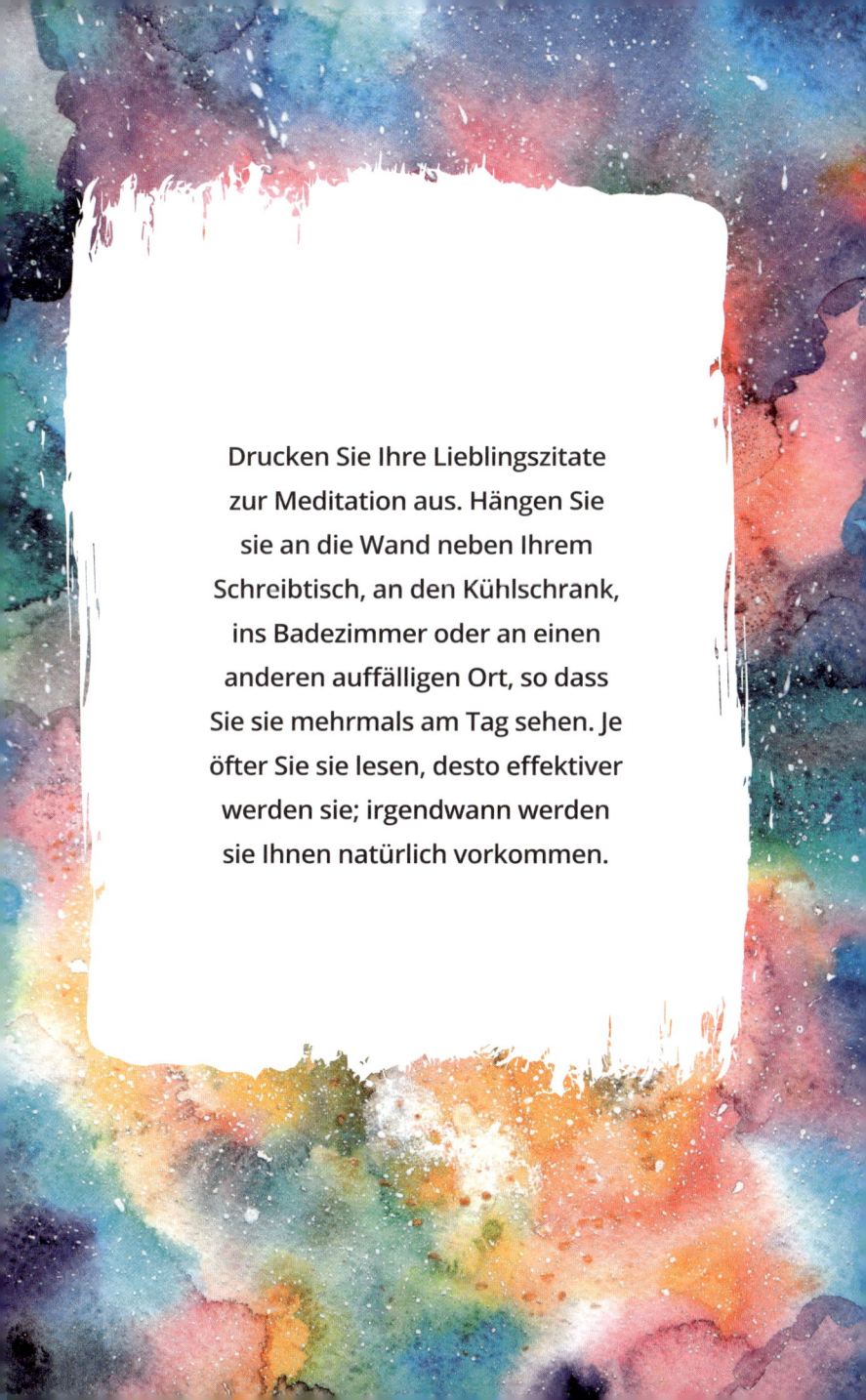

Drucken Sie Ihre Lieblingszitate zur Meditation aus. Hängen Sie sie an die Wand neben Ihrem Schreibtisch, an den Kühlschrank, ins Badezimmer oder an einen anderen auffälligen Ort, so dass Sie sie mehrmals am Tag sehen. Je öfter Sie sie lesen, desto effektiver werden sie; irgendwann werden sie Ihnen natürlich vorkommen.

ZAZEN

Nützlich für: Stressabbau, Verbesserung der Kreativität und des Bewusstseins, Förderung der geistigen und körperlichen Gesundheit

„Zazen" oder „Zen"-Meditation ist das Herzstück der zen-buddhistischen Praxis und bedeutet übersetzt „sitzende Meditation". Der psychologische Nutzen ist enorm, denn das Ziel ist es, wertende Gedanken und Ideen zu vergessen. Zazen fördert die Einsicht in die Funktionsweise Ihres Körpers und Geistes. Setzen Sie sich auf den Boden und stellen Sie die Beine in den Lotussitz. Die Haltung Ihres Kopfes ist wichtig - Sie sollten ihn in einer natürlichen Position halten, die Ihren Nacken nicht belastet. Achten Sie auf die Anspannung der Gesichtsmuskeln und konzentrieren Sie sich auf die Atmung durch die Nase. Achten Sie auf den natürlichen Rhythmus und die warmen und kalten Empfindungen der Luft, die durch Ihre Nase und Lunge strömt.

Meditation ist ein Sammelbegriff für eine immer größer werdende Gruppe von Disziplinen. Bei den meisten Meditationsmethoden geht es darum, einen ruhigen Ort aufzusuchen, den Körper in einer bestimmten Haltung zu halten und die Gedanken zu fokussieren, um so einen Zustand von Positivität, Offenheit und Erleuchtung zu erreichen.

ACHTSAMKEIT

Nützlich für: Verbesserung der Selbstbeherrschung, Konzentration und Schärfung des Gedächtnis

Was ist Achtsamkeit? Einfach ausgedrückt, geht es darum, dem Leben auf eine zielgerichtete Weise Aufmerksamkeit zu schenken - eine Art, im Hier und Jetzt zu leben, ohne zu urteilen. Es geht darum, die Realität anzuerkennen, indem man den Geist wandern lässt, alle Gedanken akzeptiert, die auftauchen, und in der Gegenwart verankert bleibt. Es hilft den Praktizierenden, sie selbst zu sein und zu lernen, durch Körperhaltung und Atemarbeit im Augenblick zu leben. Es ist die Praxis, sich absichtlich auf den gegenwärtigen Moment zu konzentrieren, auf innere und äußere Erfahrungen, die Empfindungen, auftauchende Gedanken und Emotionen zu akzeptieren und unvoreingenommen zu beachten. Auf diese Weise gewinnen die Praktizierenden Wertschätzung und Gelassenheit für das Leben, so wie es geschieht. Die Essenz der Achtsamkeit ist es, sanft, wertschätzend und nährend zu sein.

Die Achtsamkeitsmeditation ermöglicht es Ihnen, den gegenwärtigen Moment auf eine nicht wertende Weise zu betrachten. Es geht darum, im gegenwärtigen Moment bewusster zu sein. Das macht das Leben angenehmer, lebendiger und erfüllender. Es geht nicht darum, sich auf die Gedanken einzulassen, die einem durch den Kopf gehen und sie auch nicht zu kritisieren, sondern sich einfach jeder geistigen Notiz bewusst zu sein, wenn sie auftaucht. Durch diese Art der Meditation können Sie erkennen, wie Ihre Gedanken und Gefühle dazu neigen, sich in Mustern zu bewegen. Mit etwas Übung entwickelt sich ein inneres Gleichgewicht. Achtsamkeit ermöglicht es Ihnen, im Augenblick präsent zu sein, indem Sie Ihre Aufmerksamkeit auf verschiedene Empfindungen in Ihrem Körper lenken. Konzentrieren Sie sich zunächst auf Ihren Atem und nehmen Sie dann andere Empfindungen wahr, z. B. wie Sie sitzen, wo Sie Spannungen spüren oder wie entspannt Sie sich fühlen. Versuchen Sie nicht, jeden Gedanken zu analysieren, der Ihnen durch den Kopf geht, oder alles zu beurteilen, was Sie erleben: beobachten Sie einfach.

Wenn Sie sich ständig Sorgen um die Zukunft machen oder sich über Kleinigkeiten und vergangene Ereignisse aufregen, könnten Sie Achtsamkeitstechniken schätzen lernen. Bei der Achtsamkeitsmeditation geht es nicht darum, die Gedanken schweifen zu lassen, und auch nicht darum, den Geist zu leeren. Vielmehr geht es darum, dem gegenwärtigen Moment - insbesondere den Gedanken, Gefühlen und Empfindungen - große Aufmerksamkeit zu schenken. Wenn dies geschieht, bemerken Sie woran Sie gerade gedacht haben oder was Sie abgelenkt hat, und halten Sie dann einen Moment inne. Sie müssen Ihre Aufmerksamkeit nicht sofort wieder auf den Atem lenken. Lassen Sie stattdessen los, woran Sie gerade gedacht haben, öffnen Sie Ihre Aufmerksamkeit wieder und kehren Sie dann sanft zum Atem zurück, indem Sie bei jedem Ein- und Ausatmen präsent sind. Lernen Sie, Ihre Übung zu genießen. Wenn Sie fertig sind, freuen Sie sich darüber, wie anders sich Ihr Körper und Ihr Geist fühlen.

Sie können die Achtsamkeitsmeditation auch bei Ihren täglichen Aktivitäten anwenden - zum Beispiel, während Sie fernsehen, im Fitnessstudio trainieren oder an Ihrem Schreibtisch sitzen. Eigentlich kann alles was Sie tun, eine Gelegenheit sein, Achtsamkeit zu üben: Achten Sie auf Ihre Atmung; verankern Sie Ihr Bewusstsein im gegenwärtigen Moment. Ihre Sinne werden sich schärfen und Ihr Geist wird sich auf feine Details einstellen.

Um Achtsamkeit im Alltag zu praktizieren, achten Sie auf das, was im Hier und Jetzt geschieht, statt automatisch zu funktionieren. Achten Sie beim Sprechen auf die Worte, die Sie sagen. Wenn Sie jemandem beim Sprechen zuhören, tun Sie dies mit Aufmerksamkeit. Achten Sie beim Gehen darauf, wie sich Ihr Körper bewegt und welche Geräusche um Sie herum entstehen. Achten Sie beim Essen auf die Textur und den Geschmack jedes Bissens, den Sie zu sich nehmen.

ICH KENNE
NUR EINE FREIHEIT
UND DAS IST
DIE FREIHEIT
DES GEISTES.

Antoine de
Saint-Exupéry

MEDITATION DER LIEBENDEN GÜTE (LGM)

Nützlich für: Steigerung des Glücks und Abbau von Gefühlen des Ärgers oder Grolls

Die LGM, auch „Metta"- oder „Mitgefühls"-Meditation genannt, zielt darauf ab, eine Haltung der bedingungslosen Liebe und Güte gegenüber anderen zu pflegen; um dies zu erreichen müssen Sie zunächst Gefühle der bedingungslosen Liebe für sich selbst entwickeln. Während die Praktizierenden tief durchatmen, öffnen sie ihren Geist, um liebevolle Güte zu empfangen, und senden Botschaften der liebevollen Güte in die Welt. Buddhisten sagen: „Möge ich glücklich sein. Möge ich friedlich sein." Sie könnten sagen: „Möge ich von der Gnade und Liebe des Universums erfüllt sein." Fühlen Sie sich frei, Worte und Sätze zu wiederholen, die sich für Sie richtig anfühlen.

Richten Sie Ihre Gefühle der liebenden Güte zunächst auf eine Person, die Sie mögen und üben Sie dann, diese Gefühle auf jemanden zu richten, dem Sie weder freundlich noch unfreundlich gesinnt sind. Schließlich, und das ist der schwierigste Teil, richten Sie die Gefühle auf jemanden, für den Sie negative Gefühle haben. Es wird einige Zeit dauern - natürlich - aber Sie werden beginnen, Ihr Herz zu öffnen um liebevolle Freundlichkeit zuzulassen, selbst unter schwierigen Umständen. Wenn Sie mehr und mehr üben, werden Sie in der Lage sein, liebevolle Gefühle für die Menschen zu empfinden, für die Sie Wut oder andere negative Gedanken hegen.

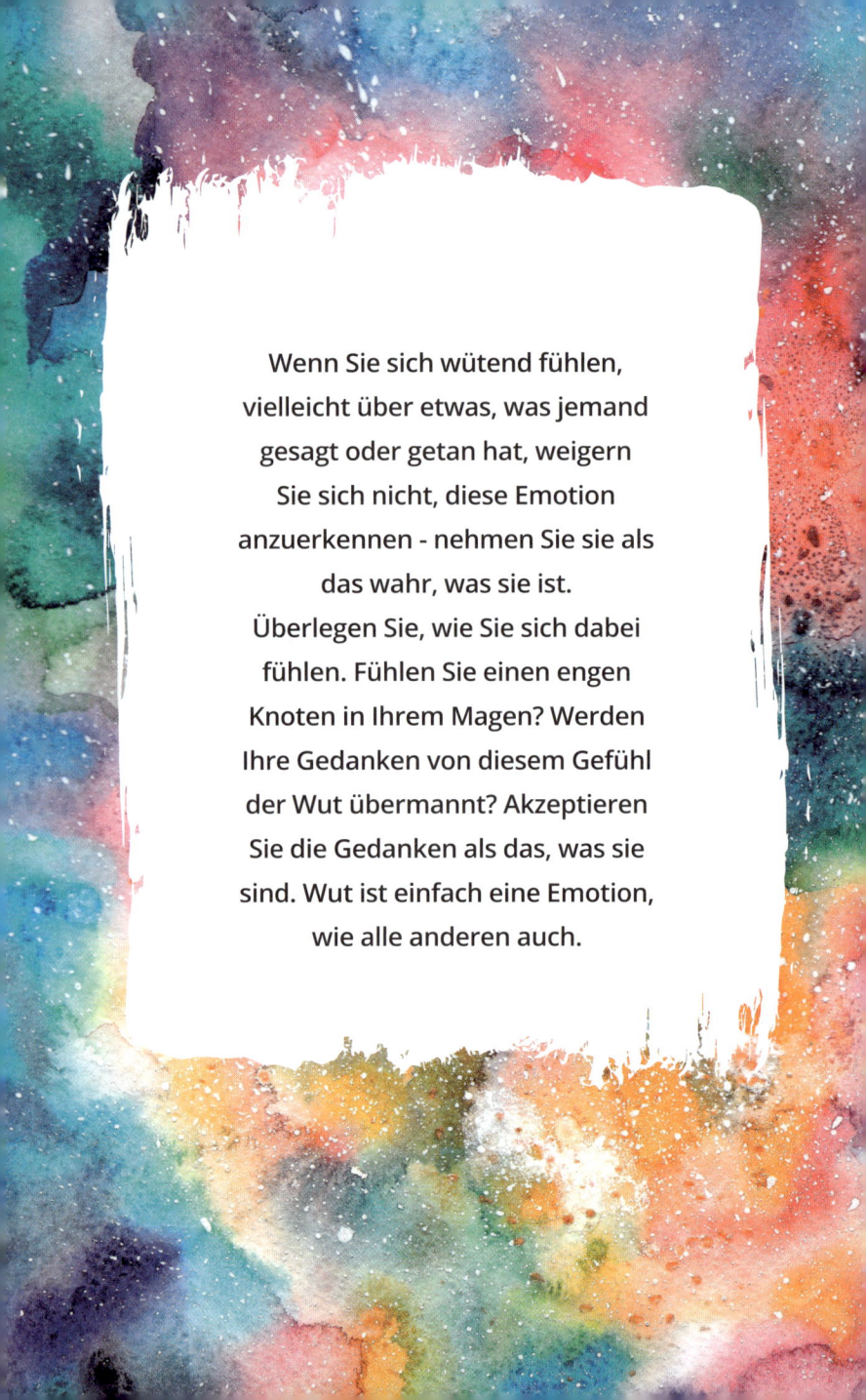

Wenn Sie sich wütend fühlen,
vielleicht über etwas, was jemand
gesagt oder getan hat, weigern
Sie sich nicht, diese Emotion
anzuerkennen - nehmen Sie sie als
das wahr, was sie ist.
Überlegen Sie, wie Sie sich dabei
fühlen. Fühlen Sie einen engen
Knoten in Ihrem Magen? Werden
Ihre Gedanken von diesem Gefühl
der Wut übermannt? Akzeptieren
Sie die Gedanken als das, was sie
sind. Wut ist einfach eine Emotion,
wie alle anderen auch.

KONZENTRATIONSMEDITATION

Nützlich für: Verbesserung der Konzentration, Leben im Augenblick

Bei dieser Meditation, die auch als „Meditation der fokussierten Aufmerksamkeit" bezeichnet wird, konzentriert man sich auf einen einzigen Punkt oder ein einziges Objekt. Das kann die Wiederholung eines Mantras sein, die Konzentration auf eine Kerzenflamme oder das Zählen von Zahlen mit einer Mala (ein Sanskritwort für Gebetsperlen). Ein Anfänger meditiert vielleicht zunächst einige Minuten, bevor er die Zeit allmählich erhöht. Bei dieser Form der Meditation richten Sie Ihr Bewusstsein jedes Mal neu aus, wenn Sie merken, dass Ihr Geist abschweift. Diese Technik erfordert die absolute Konzentration auf eine körperliche Empfindung, z. B. auf die Luft, die in die Lunge ein- und ausströmt, oder auf die Temperatur der Hände. Für viele ist dies eine Möglichkeit, den Geist von verstreuten Gedanken zu befreien und die Reizüberflutung zu lindern.

Spüren Sie, wie sich Ihr Körper anspannt, wenn Sie meditieren? Wenn ja, liegt das wahrscheinlich daran, dass Sie durch ihre Gedanken abgelenkt sind. Dies können Sie beheben, indem Sie häufiger meditieren.

PRIMORDIAL SOUND MEDITATION (PSM)

**Nützlich für: die Stärkung des Immunsystems,
ein gesteigertes Wohlbefinden, mehr Energie und Kreativität**

Ein Schlüsselelement der PSM ist das Mantra - ein Wort oder ein Klang, der wiederholt wird, um die Konzentration zu fördern. Das Mantra ist ein bestimmter Klang oder eine bestimmte Schwingung, die Ihnen hilft, in einen Zustand der gleichzeitigen Ruhe und Bewusstheit zu gelangen. Wenn Sie PSM erlernen, gibt Ihnen Ihr Lehrer ein persönliches Mantra, das der Schwingung entspricht, die das Universum zum Zeitpunkt und am Ort Ihrer Geburt erzeugt hat.

Praktizieren Sie Ihr Mantra täglich, um Sie aus dem Trubel der täglichen Aktivitäten in die Stille zu führen. Urklänge sind die Grundschwingungen der Natur - zum Beispiel der Wind, das Meer, unser Atem. Andere sind stille Schwingungen, wie die Geräusche wachsender Pflanzen, die Rotation der Erde und die stillen Rhythmen unseres Körpers, die wir innerlich wahrnehmen. PSM ermutigt Sie, die Stille zu nutzen, um innere Ruhe zu erfahren. Es ist perfekt geeignet, um mit dem Stress unserer heutigen Welt umzugehen und einen friedlichen Schlaf zu fördern. Stille ist der Geburtsort von Glück, Kreativität und unendlichen Möglichkeiten.

VIPASSANA-MEDITATION

Nützlich für: absolute innere Transformation

Vipassana ist die älteste buddhistische Meditationspraxis, die auf das sechste Jahrhundert vor Christus zurückgeht. Sie kann mit „Einsicht" übersetzt werden, ein klares Gewahrsein dessen, was genau geschieht, während es geschieht.

Es handelt sich um eine sanfte, aber gründliche Praxis, die in Disziplin verwurzelt ist. Im Gegensatz zur Achtsamkeitsmeditation, die sich auf das Gewahrsein konzentriert, ist Vipassana eine ausgezeichnete Meditationstechnik, die Ihnen hilft, sich in Ihrem Körper und in der Zeit zu verankern, und Ihnen ermöglicht zu verstehen, wie die Prozesse Ihres Geistes funktionieren. Es gibt fünf Grundprinzipien, die der Praktizierende befolgen muss:

1. Verzichte darauf, lebende Organismen zu töten.
2. Nicht stehlen.
3. Sexuelles Fehlverhalten ist verboten.
4. Achten Sie darauf, dass Sie die Macht der Sprache nicht auf falsche Weise nutzen.
5. Es werden keine Rauschmittel toleriert.

Dies ist eine Meditationsmethode, die am besten von einem Lehrer in einem Kurs oder Retreat gelehrt wird um sicherzustellen, dass eine angemessene Anleitung gegeben wird.

MANTRAS

Das Mantra ist ein Instrument, das Schwingungen im Geist erzeugt, die es ermöglichen sich von den Gedanken zu lösen und in einen tieferen Bewusstseinszustand zu gelangen.

Einige Meditierende wiederholen gerne ein „Mantra". Dabei handelt es sich nicht um eine Bejahung, mit der man sich selbst von etwas überzeugen will. Mantras sind wirksam, solange Sie bei ihrer Verwendung positive Gefühle kanalisieren. Fühlen Sie, wünschen Sie, akzeptieren Sie, dass das was Sie wollen, eintreten wird. Verstärken Sie Ihren Wunsch. Manifestieren Sie Ihre Wünsche mit Hilfe Ihrer Gedanken und beschleunigen Sie den Empfangsprozess. Wenn Sie Ihr Mantra nur unbewusst und ohne tiefes Gefühl wiederholen, wundern Sie sich nicht, wenn sie keine Ergebnisse spüren.

Das Wort „Mantra" kommt aus dem Sanskrit und bedeutet „Werkzeug oder Instrument der Gedanken". Diese Silbe oder dieses Wort, meist ohne besondere Bedeutung, wird wiederholt um den Geist zu fokussieren.

Mantras beschäftigen den denkenden Geist, anstatt zu versuchen ihn zu ignorieren oder zum Schweigen zu bringen. Sie beschäftigen den Geist, indem Sie ihm etwas zu tun geben - indem Sie ein bestimmtes Wort oder einen Satz laut oder leise wiederholen, um sich zu konzentrieren, zu entspannen und geistige Ablenkungen zu vertreiben. Traditionell wurden Mantras von einem erfahrenen Lehrer überreicht. Maharishi Mahesh Yogi lehrte, dass jedes Individuum, das in der Meditation unterwiesen wird, sein Mantra von einem geschulten Lehrer auswählen lassen sollte, damit es an die Person selbst angepasst ist und die besten Ergebnisse erzielt.

Om (oder *aum*) ist ein beliebtes Mantra; das Singen dieses Mantras kann ein Gefühl der Ganzheit und eine erweiterte Erfahrung der Realität erzeugen. Es besteht aus drei Lauten, und jedem von ihnen - A, U und M - wird eine eigene Bedeutung zugeschrieben.

Einige der bekanntesten Mantras aus der hinduistischen Tradition sind *om so-ham*, was „Ich bin das" bedeutet, *om namah shivaya*, womit man die Verehrung für Lord Shiva ausdrückt, und *ram*, das wiederholt wird, um Hingabe und die Verpflichtung zu zeigen, immer gerecht mit Weisheit und Mitgefühl für alle zu handeln. Sie können auch *Sat, Chit, Ananda* verwenden, was „Existenz, Bewusstsein, Glückseligkeit" bedeutet. Es ist wichtig, dass Sie ein Mantra verwenden, das sich für Sie richtig anfühlt; vielleicht eins von dem Sie glauben, dass es Ihnen hilft stärker zu werden oder hilft Sie zu beruhigen und Ihnen die Fähigkeit verleiht, sich auf die Gegenwart zu konzentrieren.

MANTRA-MEDITATION

Nützlich für: Senkung des Blutdrucks und der Herzfrequenz,
Verringerung von Ängsten und Depressionen sowie für ein größeres
Gefühl der Entspannung und des allgemeinen Wohlbefindens

Bei der Mantra-Meditation wiederholen Sie ständig ein aus-
gewähltes Wort oder einen Satz. Sie ist ideal für Menschen,
deren Geist nicht zur Ruhe kommt. Manchen fällt es leichter,
sich mit einem Mantra zu konzentrieren als sich auf den eigenen Atem zu konzentrieren. Da ein Mantra ein Wort ist und
Gedanken in der Regel als Worte wahrgenommen werden,
kann es einfacher sein sich auf ein Mantra zu konzentrieren.
Das ist vor allem dann nützlich, wenn der Geist mit vielen Gedanken beschäftigt ist. Die Transzendentale Meditation (siehe Seite 113) ist ebenfalls eine Form der Mantra-Meditation,
ebenso wie Achtsamkeit, Yoga, T'ai Chi und Qigong.

Wenn Sie Mantra-
Meditationen praktizieren,
hat Ihr Geist keine Zeit
von einem Gedanken zum
nächsten zu springen, da er
sich ausschließlich auf
die Wiederholung des
Mantras konzentriert.

Durch die stille oder laute Wiederholung eines Mantras können Sie Ihren Geist in einen Zustand konzentrierter Ruhe versetzen, indem Sie das Nervensystem verlangsamen und den Geist über seine üblichen Gedankenmuster hinausführen. Wie andere Arten der Meditation erfordert auch die Mantra-Meditation Übung.

Wenn es Ihnen anfangs schwerfällt, bleiben Sie dran und geben Sie nicht auf - Meditation kann Ihr Leben positiv verändern. Wenn Sie genau wissen, warum Sie die Mantra-Meditation praktizieren wollen, hilft Ihnen das die besten Affirmationen zu finden, die Sie beim Meditieren laut oder leise wiederholen können. Eines der Ziele beim Wiederholen von Mantras ist es, ihre subtilen Schwingungen zu spüren. Dieses Gefühl kann Ihnen helfen positive Veränderungen zu bewirken und in einen tiefen Zustand der Meditation zu gelangen. Jedes Mantra hat unterschiedliche Schwingungen, und Sie müssen ein Mantra finden, das Ihrer Absicht entspricht. Die Wiederholung von Mantras kann Ihnen helfen, sich von Gedanken zu lösen die während der Meditation auftauchen.

Um auszuprobieren, ob die Mantra-Meditation zu Ihnen passt, wählen Sie einen Satz oder ein einzelnes Wort, das für Sie eine tiefe Bedeutung hat. Wiederholen Sie es immer wieder, konzentrieren Sie sich auf den Klang und das Gefühl, dass das Mantra hervorruft. Traditionell erhalten Sie ihr persönliches Mantra von einem Lehrer, nur Sie und er kennen dann die Bedeutung.

Das alte Sanskrit-Wort om (oder aum) ist eine mystische Silbe, die oft in Gesängen oder als meditatives Mantra verwendet wird. Als meditatives Mantra hat es eine große Symbolik und Kraft. Wenn om in der Gruppe gesungen wird, ist das Gefühl der Zusammengehörigkeit, das durch den gemeinsamen Klang entsteht, sehr stark.

TRANSZENDENTALE MEDITATION (TM)

**Nützlich für: Senkung des Blutdrucks und der Depression,
Stärkung der Bewältigungsfähigkeiten**

Die transzendentale Meditation wurde in den 1950er und 1960er Jahren von Maharishi Mahesh Yogi populär gemacht. Sie erforscht die Kraft von Klängen und Schwingungen, um zu begeistern und zu erleuchten. Maharishi definierte ihr Ziel als „den Zustand der Erleuchtung". Das bedeutet, dass wir diese innere Ruhe, diesen ruhigen Zustand geringster Erregung erfahren, selbst wenn wir dynamisch beschäftigt sind. TM beinhaltet die Verwendung eines Mantras und wird zweimal täglich für 15-20 Minuten mit geschlossenen Augen praktiziert. In dieser hinduistischen Tradition sitzt man im Lotussitz, singt schweigend ein Mantra und konzentriert sich darauf, sich über negative Gedanken zu erheben. Im Gegensatz zur Mantra-Meditation ist das Mantra nicht eindeutig; bei der TM richtet sich das Mantra nach dem Geschlecht und dem Alter des Praktizierenden. Es handelt sich auch nicht um „bedeutungslose Laute", sondern um tantrische Namen von Hindu-Gottheiten. Anfängern hilft diese Wiederholung von Worten und Klängen, den Geist zu fokussieren.

TM ist eine weitere Form der Meditation, bei der eine fachkundige Anleitung empfohlen wird. Suchen Sie nach Kursen, Internetquellen oder Retreats, um diese Form der Meditation optimal zu erlernen. In einigen Retreats können Sie sich einige Tage oder eine Woche oder länger auf das Erlernen einer bestimmten Meditationsart konzentrieren oder verschiedene Arten ausprobieren.

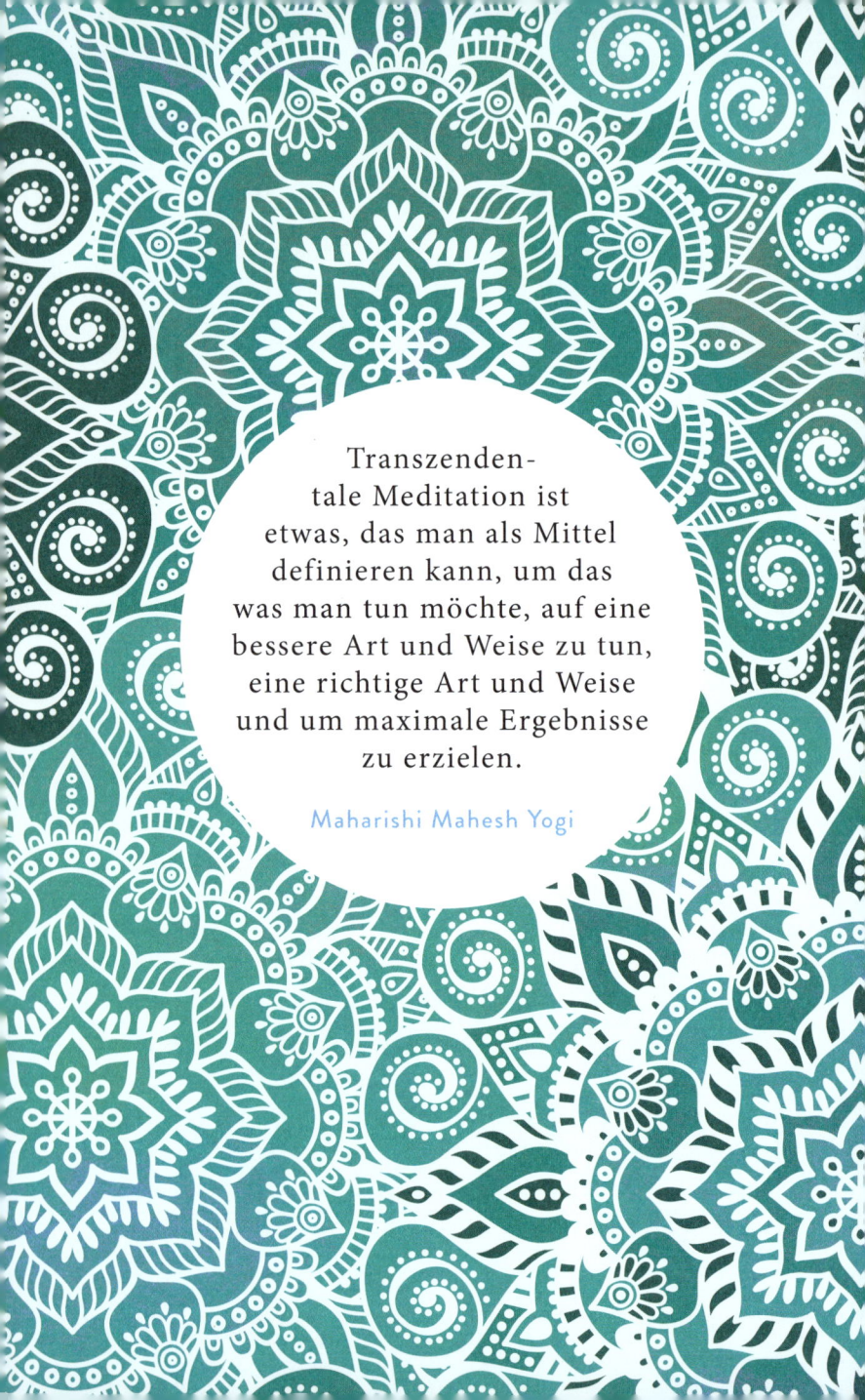

Transzenden-
tale Meditation ist
etwas, das man als Mittel
definieren kann, um das
was man tun möchte, auf eine
bessere Art und Weise zu tun,
eine richtige Art und Weise
und um maximale Ergebnisse
zu erzielen.

Maharishi Mahesh Yogi

MEDITIEREN MIT KRISTALLEN

Nützlich für: Steigerung der Energie und Verbesserung des Selbstbildes

Vergewissern Sie sich, dass Sie Ihre Kristalle oder Edelsteine gereinigt haben, bevor Sie mit einer Kristallmeditation beginnen. Suchen Sie sich einen ruhigen Ort, an dem Sie nicht gestört werden, und setzen Sie sich dann mit den Kristallen oder Steinen hin. Empfehlenswerte Kristalle für diese Art der Meditation sind Quarzkristalle und Selenitkristalle. Quarzkristalle tragen zur Klarheit des Geistes bei und ermutigen Sie, sich besser zu konzentrieren. Sie haben auch den Vorteil, die Energie anderer Kristalle zu verstärken. Selenit ist nützlich, weil seine heilenden Eigenschaften die Befreiung von negativer Energie und Blockaden erleichtern und gleichzeitig das Energiefeld des Körpers schützen. Wählen Sie einen Kristall mit Streifen oder Mustern im Inneren des Kristalls, um sich während der Meditation in den Kristall hineinzuversetzen.

Was die Steine betrifft, so sind Handflächensteine (die in die Handfläche passen) sowohl für Anfänger als auch für erfahrene Meditierende geeignet. Halten Sie während der Meditation in jeder Hand einen Kristall oder Stein und spüren Sie, wie die Energie in Ihren Körper fließt.

Schließen Sie die Augen und bringen Sie Ihren Geist zur Ruhe; richten Sie Ihre Aufmerksamkeit auf Ihre Atmung. Lassen Sie jedes Ausatmen etwas länger werden als das Einatmen. Öffnen Sie die Augen, nehmen Sie die Kristalle oder Steine in die Hand und halten Sie sie sanft. Schauen Sie sie an. Konzentrieren Sie sich und nehmen Sie die Farbe, das Muster und die Form wahr. Stellen Sie sich nun vor, dass Ihr Bewusstsein spiralförmig in den Kristall oder Stein hineinwandert und seine Energie spürt. Stellen Sie sich vor, dass Sie im Inneren des Kristalls sind; lassen Sie sich mit seinem Fluss bewegen. Lassen Sie Ihre Gedanken los und gehen Sie tief in das Zentrum des Kristalls hinein und bewundern Sie seine innere Schönheit. Wenn Sie sich bereit fühlen, kehren Sie langsam in das Hier und Jetzt zurück. Legen Sie Ihre Kristalle oder Steine beiseite und erden Sie sich, indem Sie sich vorstellen, dass Wurzeln von Ihren Füßen ausgehen und sich tief in die Erde eingraben. Vielleicht möchten Sie sich jetzt hinlegen und Ihre Kristalle oder Steine auf das entsprechende Chakra legen.

INNERE STILLE
IST DER SCHLÜSSEL
ZU ÄUSSERER
STÄRKE.

Jared Brock

AKTIVE MEDITATION: QI GONG

Nützlich für: die Linderung von Rheuma-Schmerzen und chronischen Nackenschmerzen sowie die Senkung des Blutdrucks

Qigong kombiniert Körperhaltung, Bewegung, Atemtechnik und Klang, um die geistige und körperliche Gesundheit zu verbessern. Als eine der ältesten Meditationsformen ist Qigong nach wie vor beliebt, denn es hilft die Körperhaltung zu verbessern und die Entspannung zu fördern. Qigong zielt darauf ab das Selbstbewusstsein zu stärken und die Lebensenergie auszugleichen, indem die Verbindung zwischen Körper, Geist und Seele erforscht wird. Diese Meditationsform nutzt den Atem, um die Energie durch den Körper und die Energiezentren zirkulieren zu lassen.

Es gibt zwei Hauptarten der Qigong-Praxis: Wai Dan, das körperliche Bewegung und Konzentration beinhaltet, und Nei Dan, das sitzende Meditation, geführte Bilder und Visualisierungen beinhaltet. Die gezielte Kombination aus Atemtechniken, Bewegung und Meditation hilft dem Einzelnen, seine Reaktion auf Stress zu kontrollieren. Es ist schonend für den Körper, sich durch Haltungen und Dehnungen zu bewegen, die sich auf Achtsamkeit konzentrieren. Während des Übens werden Sie sich durch verschiedene Positionen bewegen und brauchen Platz, um Ihre Arme zu strecken. Die Körperhaltung ist beim Qi Gong wichtig, und die Wirbelsäule sollte gerade sein.

AKTIVE MEDITATION: YOGA

**Nützlich für: Steigerung der positiven Energie,
Verbesserung der Stimmung**

Obwohl Yoga und Meditation zwei verschiedene Praktiken sind, unterstützen sie sich gegenseitig. Deshalb nehmen sich manche Yogalehrer zu Beginn oder am Ende einer Yogastunde Zeit, um eine Form der Meditation zu praktizieren. Es gibt nicht die eine spezifische Art der yogischen Meditation, sondern mehrere Meditationsarten, die in der Yogatradition gelehrt werden. Die Körperhaltung und die Konzentration, die beim Yoga erforderlich sind, fördern den Fokus und das Gleichgewicht und tragen zu einem flexibleren Körper bei. Die Bewegung durch die Posen ermutigt den Praktizierenden, sich weniger auf allgemeine Fragen und mehr auf den Moment zu konzentrieren. Die körperliche Komponente des Yoga und die Betonung der Ujjayi-Atmung* helfen dabei, Bedenken und Sorgen beiseite zu lassen, was zutiefst meditativ wirkt.

*Bei der Ujjayi-Atmung füllst du deine Lungen vollständig mit Luft, während du deine Kehle leicht zusammenziehst und durch die Nase atmest.

Yoga ist eine Reise des Selbst, durch das Selbst, zum Selbst.

Bhagavad Gita

Eine der yogischen Meditationen ist die Atemübung Pranayama, die sich aus den Wörtern Prana (Lebenskraft oder Atem, der den Körper erhält) und Ayama (ausdehnen oder herausziehen) zusammensetzt. Um ganz genau zu sein, handelt es sich nicht um Meditation, aber es ist eine großartige Übung um den Geist zu beruhigen und ihn auf die Meditation vorzubereiten. Die einfachste Art von Pranayama ist das 4-4-4-4, bei dem man durch die Nase einatmet und bis vier zählt, dann viermal einatmet, viermal ausatmet und wieder viermal leer einatmet. Das hilft, die Stimmung auszugleichen, und beruhigt Körper und Geist. Ein großer Pluspunkt ist, dass diese Übung überall durchgeführt werden kann.

AKTIVE MEDITATION: T'AI CHI

Nützlich für: Verbesserung von Kraft und Gleichgewicht

Wie Yoga ist auch T'ai Chi allein keine Meditation. Das manchmal als „Meditation in Bewegung" bezeichnete T'ai Chi bedient sich uralter Praktiken, die sich auf die körperlichen und geistigen Aspekte des Lebens konzentrieren. Diese Form der sanften chinesischen Kampfkunst verbindet tiefe Atmung und Entspannung mit langsamen und sanften Bewegungen. Darunter befinden sich zwei Methoden, Neigong und Qigong, die sich auf die Lebensenergie konzentrieren. Beide betonen die Bedeutung von Körperhaltung, Atmung und Meditation zur Wiederherstellung der Energie oder des „Chi". Ursprünglich im China des dreizehnten Jahrhunderts als Kampfkunst entwickelt, wird T'ai Chi heute weltweit praktiziert. Die absichtlichen, orchestrierten, kontrollierten Bewegungen und die intensive Konzentration, die dafür erforderlich sind, helfen den Geist zu beruhigen und ein tieferes Gefühl der Entspannung zu erlangen, das innere Spannungen löst und das Bewusstsein erweitert.

Das Geschenk,
meditieren zu
lernen, ist das
grösste Geschenk,
das Sie sich
in diesem Leben

machen können.

Sogyal Rinpoche

GEH-MEDITATION

Nützlich für: Abbau von Ängsten, Förderung des persönlichen Wachstums

Für diejenigen, denen es schwerfällt längere Zeit still zu stehen, oder die es einfach genießen, in Bewegung zu sein, ist dies eine ideale Form der Meditation. Das Gehen ist zwar nicht die einzige Form der Bewegungsmeditation, aber eine der beliebtesten. Man kann sie überall durchführen, wobei ein Garten oder eine angenehme Umgebung wie ein Park oder ein ruhiger Strand ideal wäre. Wenn das nicht möglich ist, versuchen Sie einen Ort zu wählen, an dem nicht zu viel los ist und so wenig Ablenkung wie möglich herrscht. Je nachdem, für welchen Ort Sie sich entscheiden, sollten Sie Ihre Schuhe ausziehen.

Beginnen Sie damit, mit dem rechten Fuß einen langsamen, bewussten Schritt zu machen. Vergessen Sie alle Empfindungen oder Gefühle im Fuß und versuchen Sie, sich auf die Bewegung selbst zu konzentrieren. Halten Sie nach dem ersten Schritt einen Moment inne, bevor Sie den nächsten machen. Es sollte immer nur ein Fuß in Bewegung sein. Konzentrieren Sie sich auf Ihre Arme, wenn sie schwingen, auf Ihre Beine, wenn sie sich heben, und auf Ihre Füße, wenn sie vom Boden abheben und ihn dann wieder berühren. Wie bei allen Meditationstechniken gilt: Wenn Sie merken, dass Ihre Gedanken abschweifen, lenken Sie Ihre Aufmerksamkeit sanft auf die Bewegung zurück, auf jeden einzelnen Schritt. Beobachten Sie einfach das Gefühl des Gehens.

Versuchen Sie sich bei der Gehmeditation, auf die Bewegung der Füße zu konzentrieren. Diese intensive Konzentration ist vergleichbar mit der Art und Weise, wie Sie sich während der Atemmeditation auf das Auf- und Absteigen Ihres Atems konzentrieren. Versuchen Sie, Ihren Geist zu klären und sich der Verbindung zwischen Ihrem Fuß und dem Boden unter ihm bewusst zu werden. Dabei kommen Aspekte der Konzentrationsmeditation zum Einsatz und Befürworter sagen, dass es für manche Menschen einfacher ist, sich beim Gehen auf das Gefühl der Luft auf der Haut zu konzentrieren. Machen Sie sich keine Gedanken darüber, wie weit Sie gehen oder wo Sie am Ende ankommen - wichtig ist, dass Sie sich auf die Schritte und die Atmung konzentrieren und sich der Verbindung Ihres Körpers mit der Erde bewusst werden.

Wenn die Meditation
gemeistert ist, ist
der Geist unerschütterlich
wie die Flamme einer
Kerze an einem
windstillen Ort.

Bhagavad Gita

MEDITATION MIT LEEREM GEIST

**Nützlich für: um Körper und Geist mit einem
Gefühl der Ruhe zu erfüllen**

Diese Meditationstechnik ermöglicht es Ihnen, ohne einen bestimmten Fokus bewusst zu sein, aber dazu muss auch gesagt werden, dass sie schwer zu meistern ist. Setzen Sie sich ruhig in den vollen oder halben Lotussitz oder auf einen Stuhl mit gerader Rückenlehne und schließen Sie die Augen. Beobachten Sie Ihre Atmung, zählen Sie Ihre Atemzüge von eins bis neun und fangen Sie dann wieder bei eins an. Erlauben Sie den Gedanken frei in und aus Ihrem Geist zu fließen. Wenn sie kommen und gehen, beobachten Sie sie, jedoch ohne sie zu bewerten, bis Sie eine Lücke, wie klein auch immer diese sein mag, zwischen zwei Gedanken wahrnehmen, in der es keinen Gedanken gibt. Konzentrieren Sie sich sanft auf diese Lücken und lassen Sie sie länger andauern, bis es keine weiteren Gedanken mehr gibt. Buddha benutzte diese Methode um Erleuchtung zu erlangen.

Natürlich erfordert dies Anstrengung und Ausdauer über viele, viele Jahre der Praxis - aber wenn Sie entschlossen sind, werden Sie es schließlich schaffen.

Meditation

ist keine Methode,

um den Geist zur

Ruhe zu bringen.

Es ist ein Weg,

in die Stille einzutreten,

die bereits da ist.

Deepak Chopra

DIE VORTEILE
DER MEDITATION

EIN RUHIGER GEIST
UND EIN GESÜNDERER KÖRPER

Meditation wirkt sich positiv auf die geistige und körperliche Gesundheit aus. Es besteht kein Zweifel daran, dass sie hilft Stress und Ängste abzubauen und gleichzeitig schlechte Gedanken zu vertreiben. Wenn Sie sich auf die Erfahrung des Augenblicks konzentrieren, wird Ihr Gehirn mit der Zeit darauf trainiert, selbst in den stressigsten Situationen ruhig zu bleiben. Auch Ängste, die durch alltägliche Sorgen oder Ungewissheit über künftige Ereignisse verursacht werden, nehmen deutlich ab.

Meditation spielt eine wichtige Rolle für unser Wohlbefinden. Sie ermöglicht es uns, alle Formen von negativen Gedanken und Sorgen zu beseitigen.

BESSERE KONZENTRATION

Und noch etwas könnte Sie zum Meditieren ermutigen, wenn Sie sich noch nicht ganz sicher sind, ob es das Richtige für Sie ist: Menschen, die meditieren, sind im Allgemeinen glücklicher als diejenigen, die es nicht tun. Das liegt daran, dass die Meditation den Fluss konstruktiver Gedanken und positiver Gefühle fördert.

Meditation steigert nicht nur Ihr Glück und Ihr allgemeines Wohlbefinden, sondern schärft auch Ihr Gedächtnis und verbessert Ihre Konzentrationsfähigkeit. Sie werden feststellen, dass Sie sich weniger ablenken lassen. Die kleinen Fehler - wie z. B. das Verlegen von Schlüsseln oder das Vergessen eines Termins - werden seltener, wenn Sie anfangen zu meditieren und lernen, sich zu konzentrieren.

Studien haben auch gezeigt, dass verschiedene Meditationsarten das Gedächtnis, die geistige Schnelligkeit und die Aufmerksamkeit von Senioren verbessern können. Meditation kann nicht nur dem normalen Gedächtnisverlust entgegenwirken, sondern auch das Gedächtnis von Alzheimer-Patienten teilweise verbessern. Sie kann auch dazu beitragen, Stress zu kontrollieren und die Bewältigungsfähigkeit derjenigen zu verbessern, die Familienmitglieder mit Demenz betreuen.

VERBESSERTE GESUNDHEIT

Auch wenn Meditation nicht als Heilmittel an sich betrachtet werden sollte, hat die Forschung gezeigt, dass sie bei einer Vielzahl von Gesundheitsproblemen, sowohl geistiger als auch körperlicher Art, von Nutzen ist. Da es sich um eine Technik zur Stressbewältigung handelt, kann Meditation das Immunsystem stärken und den Cholesterinspiegel im Blut senken. Der Cholesterinspiegel, der von der Ernährung und Genetik abhängt, wird häufig durch chronischen Stress beeinflusst. Meditation trägt dazu bei, dass wir uns ruhiger fühlen und kann den Blutdruck so weit regulieren, dass sie sogar in einigen Fällen eine Alternative zu Blutdruckmedikamenten für Menschen mit moderatem Bluthochdruck sein kann. (Werfen Sie Ihre Medikamente jedoch nicht gleich weg - sprechen Sie immer mit Ihrem Hausarzt oder Apotheker, bevor Sie verschriebene Medikamente absetzen).

Meditation fördert einen positiven Geisteszustand, ein-schließlich Glück und Wohlbefinden, und regt den Fluss der Lebensenergie an. Das stärkt das Selbstvertrauen und die Leistungsfähigkeit.

Wir alle sind auf der Suche nach innerem Frieden in unserem oft hektischen Leben. Ist innerer Frieden nicht der Schlüssel zu einem guten, positiven und glücklichen Gefühl? Natürlich wissen wir alle, dass regelmäßiger Sport, eine vernünftige Er-nährung und positives Denken dabei helfen, aber Meditation ist eine der besten Möglichkeiten, diesen Wohlfühlzustand zu erreichen. Die psychologischen Vorteile der Meditation sind weitreichend, und wie bei den meisten Dingen gilt: Je mehr man übt, desto bessere Ergebnisse werden erzielt.

WO FRIEDEN UND
MEDITATION HERRSCHEN,
GIBT ES WEDER ANGST
NOCH ZWEIFEL.

Saint Francis
of Assisi

DURCH MEDITATION JUNG BLEIBEN

Studien über die Auswirkungen der Meditation zeigen, dass regelmäßiges Üben den Alterungsprozess verlangsamen kann. Im Allgemeinen ist das biologische Alter von Langzeitmeditierenden niedriger als das von Menschen, die nie meditiert haben. Dies liegt nach Ansicht von Experten daran, dass die Meditation die Produktion freier Radikale im Körper verringert, also organischer Moleküle, die für den Alterungsprozess verantwortlich sind.

Die Wirkung der Meditation auf die körperliche und geistige Gesundheit darf nicht unterschätzt werden. Es gibt viele psychologische Vorteile, darunter die Verbesserung der Lernfähigkeit, des Gedächtnisses und der Konzentration. Darüber hinaus steigert Meditation die Produktivität und sorgt für emotionale Stabilität.

DIE REISE

Sobald Sie sich auf Ihre Meditationsreise begeben, werden Sie einige Vorteile bemerken. Wahrscheinlich werden Sie schon recht früh ein Gefühl der Ruhe und des Seelenfriedens erlangen. Vielleicht fühlen Sie sich entspannter, weniger gestresst und stellen fest, dass die Dinge Sie nicht mehr so sehr beunruhigen. Auch wenn dieses Gefühl nur subtil ist, so ist es doch unbestreitbar vorhanden. Probleme wie Angstzustände und Depressionen werden allmählich leichter zu bewältigen sein, je weiter Sie in Ihrer Meditationsreise fortschreiten.

Auch wenn Entspannung nicht das Endziel der Meditation ist, so ist sie doch oft ein Ergebnis.